Luftig-leichter
Brandteig

von Luise Lilienthal

Fotos: Andreas Ketterer & Evelyn Layher

Willkommen im Brandteiguniversum

Windbeutel kennt hierzulande fast jeder. Die luftigen Teighüllen, gefüllt mit viel Schlagsahne und Kirschen, sind das Aushängeschild so manchen Cafés. Ein klassischer Windbeutel war auch mein Einstieg in die Brandteigwelt. Viel Sahne, ein wenig Obst und eine dicke Schicht aus fein gesiebtem Puderzucker ist aber nur ein kleiner Teil des unendlichen Brandteiguniversums. Süß oder pikant gefüllt, zum Eclair veredelt oder als Torte getürmt, in Fett frittiert oder in Suppen gelöffelt – wenn Sie erst einmal die zugegeben auch mir bekannte Scheu vor dem Brandteig abgelegt haben, tun sich ungeahnte Welten auf.

Lassen Sie sich durch meine Rezepte inspirieren und variieren Sie, wann immer Ihnen der Sinn danach steht. Mit Brandteig lassen sich großartige Dinge backen, mit Phantasie unendlich viele Köstlichkeiten entwickeln. Seien Sie mutig, kreativ und denken Sie immer daran – Ihre Brandteiglieblinge können Sie und andere Menschen glücklich machen.

Viele schöne Momente beim Backen und Genießen wünscht Ihnen

Luise Lilienthal

Schritt für Schritt zu luftigen Leckereien

1. Schritt – Die Teigherstellung

Alle in diesem Buch beschriebenen Rezepte basieren auf Brandteig. Brandteig ist gewissermaßen eine kleine Diva unter den Teigsorten – sie will mit Liebe und Konzentration zubereitet sein. Mit etwas Übung und der besagten Liebe werden Ihnen aber schon nach kurzer Zeit wunderbare, leckere Brandteigkreationen gelingen.

Der Brandteig wird nicht nur gerührt, sondern auch gekocht:

● **Mischen und rühren:** Zuerst werden Wasser, Salz und Butter erhitzt (Abbildung 1). In einigen Rezepten sind auch Milch oder Zucker mit angegeben. Der Geschmack lässt sich dadurch variieren, das Prinzip bleibt aber das gleiche. Sobald die Butter geschmolzen und kurz aufgekocht ist, nehmen Sie den Topf von der Herdplatte und kippen das Mehl in einem beherzten Schwung in die Flüssigkeit. Nun beginnt der sportliche Teil der Windbeutelherstellung. Rühren Sie das Mehl kräftig unter. Der Topf wird nun zurück auf die Herdplatte gestellt. Bei Elektroöfen können Sie die Herdplatte abschalten, denn sie heizt noch genügend nach, bei Gas- und Induktionsherden gehen Sie auf mittlere Stufe.

● **Abbrennen:** Nun wird der Teig abgebrannt. Dieses Abbrennen hat dem Brandteig seinen Namen gegeben. Durch die Hitzezufuhr verkleistert die Stärke im Mehl. Sobald sich ein weißer Belag auf dem Topfboden gebildet hat, der Teig sich von Topfrand löst und sich zu einem Kloß formt, ist dieser Prozess abgeschlossen (Abbildung 2). Das Abbrennen sorgt dafür, dass die Windbeutel fluffig werden. Zu große Eile kann den Windbeutelspaß zunichte machen.

● **Einarbeitung der Eier:** Der Teig muss nun ein wenig abkühlen. Dazu kippen Sie den Teig in eine Rührschüssel und lassen ihn zwei bis drei Minuten stehen. Als nächstes werden die Eier hinzugegeben. Dies geschieht nach und nach. Rühren Sie mit dem Handrührgerät (Knethakenaufsatz) erst das erste Ei ganz unter. Wenn dies geschehen ist, kommt das zweite Ei hinzu. Mit dem Kochlöffel lässt sich sehr leicht feststellen, ob der Teig schon die richtige Konsistenz hat. Nehmen Sie dazu etwas Teig mit dem Kochlöffel auf und sehen Sie, ob er am Löffel klebt und sich in die Länge ziehen lässt. Es sollten sich dabei lange Spitzen bilden, die sich erst nach einigen Sekunden lösen (Abbildung 3). Der Teig sollte glänzen. Sollte sich der Teig gar nicht lösen oder erst gar nicht am Löffel hängen bleiben, brauchen Sie etwas mehr Ei. Verquirlen Sie dazu ein Ei und rühren Sie es nach und nach unter. Inzwischen können Sie den Kochlöffel-Test machen und überprüfen, ob die Eimenge schon ausreicht.

In dieser Phase können Sie **aromagebende Zutaten** wie Grand Marnier, Vanillemark oder Kakao hinzugeben. Wenn Sie Backpulver benutzen, müssen Sie den Teig noch weiter auskühlen lassen und das Backpulver zuletzt unterrühren.

Brandteig-Garant
Heutzutage gibt es für fast alles Fertigmischungen, so auch für den Brandteig. Mit dem Brandteig-Garant kann man ohne Abbrennen, Topf und Spannung Windbeutel zubereiten.Dies nur als Hinweis für Tage mit sehr wenig Zeit.

3

2. Schritt – Den Teig in Form bringen

Wenn Sie durchs Buch blättern, sehen Sie schnell, dass Brandteig meist rund, oval oder länglich ausgeformt wird. Hier die Details für die vier Grundformen.

- **Windbeutel:** Bei kleinen Windbeuteln und Windbeutelmuscheln bis zu einem Durchmesser von ca. 5 cm füllen Sie den Teig in einen Spritzbeutel mit Loch- oder Sterntülle, halten den Spritzbeutel fast senkrecht über das mit Backpapier belegte Backblech und spritzen Tupfer in der gewünschten Größe auf. Die Größe der Loch- bzw. Sterntülle hängt von der Größe Ihres geplanten Windbeutels ab. Natürlich können Sie auch mit zwei Tee- oder Esslöffeln Teigkleckse aufs Backpapier setzen.

- **Eclairs:** Um Eclairs herzustellen, benutzen Sie eine Loch- oder Sterntülle mit einem möglichst großen Durchmesser, ca.13 mm. Belegen Sie ein Backblech mit Backpapier. Setzen Sie die Tülle in einem Winkel von ca. 45° an und geben Sie unter gleichmäßigem Drücken einen 12 bis 14 cm langen Strang auf das Backpapier. Verquirlen Sie ein Eigelb mit etwas Milch und bestreichen Sie die Eclairs damit. Die Eclairs bekommen dadurch eine schönere Farbe.

- **Torten und Riesengebäck:** Für große Platten und Riesenwindbeutel müssen Sie anders vorgehen. Hier malen Sie einen Kreis auf ein Backpapier in der gewünschten Größe, drehen das Papier um und streichen den Teig mit einem Spatel oder einem großen Messer mit glatter Schneide auf.

- **Frittiertes:** Bei frittiertem Brandteiggebäck spritzen Sie entweder den Teig auf ein kleines, ausgeschnittenes und eingefettetes Backpapierblatt auf und lassen das Teigstück vorsichtig vom Backpapier ins heiße Fett gleiten oder Sie drücken den Teig direkt ins Fett. Als dritte Möglichkeit können Sie das Brandteigstück mit einem Löffelchen formen und ins Fett gleiten lassen. Halten Sie fürs Herausfischen der fertigen Stücke in jedem Fall eine Schaumkelle bereit und Küchenkrepp zum Abtropfen. Passen Sie bei diesen Arbeiten auf – das Fett ist sehr heiß!

3. Schritt – Jetzt geht's in den Ofen

- **Vorheizen:** Heizen Sie den Backofen auf die jeweils im Rezept angegebene Temperatur vor.

- **Feuchtigkeit:** Spritzen Sie vor dem Backen ein wenig Wasser in den Backofen – die Feuchtigkeit unterstützt den Brandteig beim Aufgehen, muss aber am Schluss ganz entwichen sein, damit der Windbeutel trocken genug ist und nicht gleich zusammenfällt. Wichtig: Vorsorglich können Sie 5 Minuten vor Ende der Backzeit einen Holzlöffel in die Ofentür klemmen, damit die Feuchtigkeit ganz entweichen kann. Schieben Sie Ihr Backblech in die zweite Schiene von unten. Jetzt heißt es Geduld haben!

- **Backofentür nicht öffnen:** Ich hatte eingangs schon erwähnt, dass der Brandteig eine kleine Diva ist. Er verträgt definitiv keine Kaltluft. Wird der Backofen zu früh geöffnet, fällt er in sich zusammen und vorbei ist die Pracht.

- **Nach dem Backen:** Am Ende der Backzeit sollte die Kappe des Brandteiggebäcks schön knusprig sein und das Innere luftig. Nehmen Sie nach Ende der Backzeit die Windbeutel oder Eclairs heraus und schneiden Sie sie mit einem Messer oder einer Schere auf, sobald Sie sich die Finger nicht mehr daran verbrennen.

Schnelle Hilfe

Sollten Ihnen die Windbeutel trotz aller Vorsichtsmaßnahmen nach dem Backen wieder zusammenfallen, ist noch nichts verloren. Sie können Ihren Windbeutel mit der Cremefüllung reanimieren. Der Hohlraum wird durch die Creme ausgefüllt und der Windbeutel sieht wieder prächtig aus.

4. Schritt – Das Beste zum Schluss: die Füllung

Windbeutel

- Bei aufgeschnittenen Windbeuteln kann man die Füllung mit einem Löffel oder mit dem Spritzbeutel auf die untere Hälfte geben und den Deckel aufsetzen.
- Sie können aber auch ein kleines Loch in den unversehrten Windbeutel bohren und mit einem Spritzbeutel die Füllung direkt in den Innenraum drücken.

Eclairs

- Sie können einfach die obere Hälfte abschneiden, die Füllung in den unteren Teil geben und den Deckel wieder aufsetzen.
- Die zweite Möglichkeit ist, an der Oberseite mit einem scharfen Messer oder einer Schere einen Schlitz zu machen. Zuerst mit der Spritztülle eine Ecke mit Creme füllen, dann in die andere Ecke gehen und die Füllung der ganzen Länge nach durchziehen.
- Die dritte Variante ist die Punktfüllung. Bohren Sie an der Unterseite des Eclairs an beiden Enden und in der Mitte ein kleines Loch. Füllen Sie nun mit einem Spritzbeutel zuerst die Masse in ein Endloch. Sobald in der Mitte Creme austritt, gehen Sie in das andere Endloch und spritzen dort ein. Auch hier sollten Sie wieder die Mitte im Auge behalten. Tritt Creme aus, ist das Eclair gefüllt.

Das richtige Handwerkszeug

Beinahe alle Brandteig-Experimente, die in diesem Buch beschrieben sind, können Sie in einer durchschnittlich ausgestatteten Küche durchführen.

Backblech und Backpapier: Egal, was Sie backen – verwenden Sie immer ein mit Backpapier belegtes Backblech. Sie ersparen sich viel Reinigungsarbeit.

Digitalwaage: Damit der Brandteig wirklich gelingt, sollten Sie die Mengen nicht mit Augenmaß, sondern besser mit einer digitalen Waage abmessen. Schlichte Waagen sind schon sehr preiswert zu bekommen und ein wahrer Segen.

Fritteuse – Wok/Topf: Einige der Brandteiggerichte werden im Fett ausgebacken, also frittiert. Etwas geruchsneutraler ist die Angelegenheit, wenn Sie eine Fritteuse benutzen, die auch für Pommes und Krapfen benutzt werden kann. Wenn Sie von dieser Investition absehen wollen, geht auch ein Wok oder Topf sehr gut. Lüften Sie in jedem Fall beim Frittieren gut oder verlegen Sie die Aktion gleich auf die Terrasse.

Handrührgerät: Den Brandteig könnten Sie auch ohne Rührgerät zubereiten, bei den Füllungen und der Sahne werden Sie aber bald an Ihre Grenzen stoßen.

Holzlöffel, Schneebesen, Spatel und Teigschaber: Den Holzlöffel brauchen Sie, um das Mehl einzurühren, die Konsistenz des Teigs zu prüfen und nicht zuletzt, um die Ofentür in den letzten Minuten offen zu halten. Ein Schneebesen ist immer gut, besonders aber beim Glattrühren von Cremes. Mit dem Spatel können Sie den Teig z. B. für die Flockentorte auf das Backpapier streichen. Zuletzt noch der Teigschaber, mit dem bekommen Sie Ihren wertvollen und sehr klebrigen Brandteig elegant in den Spritzbeutel.

Kochtöpfe: Für die Zubereitung des Brandteiges ist ein einfacher Topf völlig ausreichend. Bei einem silberfarbenen Topfboden können Sie auch sehr gut die weiße Teigschicht am Topfboden sehen. Für Karamell empfehle ich Ihnen entweder einen Kupfertopf oder einen Topf mit dickem Boden. Reinigen Sie den Topf sofort nach der Karamell-Erstellung. Später bekommen Sie die Zuckermasse kaum mehr abgewaschen.

Pürierstab: Für das Zerkleinern von Thunfisch, Avocado und Beeren ist ein guter Pürierstab eine echte Hilfe. Modelle, bei denen der Kopf abgeschraubt werden kann, lassen sich sehr viel einfacher reinigen.

Rührschüssel: Eine Rührschüssel benötigen Sie für die zweite Phase der Brandteigherstellung, aber auch für die Herstellung der Cremes und Füllungen.

Spritzbeutel und Tüllen: Spritzbeutel gibt es als Einweg-Spritzbeutel und in einer beschichteten, wieder verwendbaren Variante. Die Einweg-Spritzbeutel müssen Sie nach dem Backen nicht reinigen, aber es sind in der Verpackung immer Tüllen mit dabei, die Sie jedes Mal mitbezahlen müssen. Davon abgesehen, sind Einweg-Spritzbeutel zwar praktisch, aber nicht sehr umweltfreundlich.
Auf der ökologischeren Seite sind Sie, wenn Sie beschichtete, wieder verwendbare Beutel kaufen. Ich habe zugegeben beides im Haushalt. Manchmal ist die schnelle und einfache Lösung zu verlockend. Tüllen gibt es aus Plastik und aus Metall. Sie sind vorne entweder glatt, dann nennt man sie Lochtüllen oder gezackt, dann handelt es sich um Sterntüllen. Bei Einweg-Spritzbeutel werden meistens Plastiktüllen mitgeliefert, die aber vom Durchmesser eher klein sind. In gut sortierten Haushaltswarengeschäften bekommen Sie Metall-Lochtüllen von 4 bis 13 mm und Sterntüllen von 6 bis 16 mm Durchmesser.

Krapfenspritze: Eine Krapfenspritze ist eine Alternative zum Spritzbeutel. Dieses wie eine vergrößerte Spritze aussehende Werkzeug aus Kunststoff oder Metall wird wie der Spritzbeutel mit verschiedenen Tüllen angeboten.

Herrliche Hochstapler

Teig

125 ml Wasser | 1 Prise Salz
50 g Butter | 75 g Mehl
2 Eier (Größe M)

Füllung (Crème Chantilly)

200 g Sahne
3 Eigelb (Größe M)
125 g Puderzucker
1 Päckchen Vanillezucker
2 EL Zitronensaft

Schokoladensauce

150 ml Milch
150 g Zucker

50 g ungesüßtes Kakaopulver
50 g Zartbitterschokolade
(mindestens 70 % Kakao)

Küchengeräte

Handrührgerät
Backblech und -papier
Spritzbeutel mit Tüllen
Wasserbad
Schneebesen

Backzeit: 40 Minuten
Ofentemperatur: 200 °C

Ergibt 9 Windbeutel

Profiteroles

1 Das Wasser mit dem Salz und der Butter in einem Topf erhitzen. Sobald die Butter geschmolzen ist, den Topf vom Herd nehmen, das Mehl in den Topf geben und kräftig rühren, bis sich eine weiße Schicht am Topfboden bildet. Den Teig in eine Rührschüssel umfüllen. Die beiden Eier mit einem Handrührgerät nach und nach unter die Teigmasse schlagen.

2 Den Backofen auf 200 °C vorheizen. Für die Windbeutel den Teig auf ein mit Backpapier ausgelegtes Backblech mit einer großen Tülle (Ø 13 mm) spritzen. Die Windbeutel 35 bis 40 Minuten backen. Den Backofen während dieser Zeit nicht öffnen. Nach dem Backen die Windbeutel kurz auskühlen lassen.

3 Für die Füllung die Sahne in einer kalten, halbrunden Schüssel schlagen. Eigelb, Puderzucker, Vanille-zucker und Zitronensaft in eine Edelstahlschüssel geben. Über dem heißen Wasserbad mit einem Handrührgerät zu einer festen Creme aufschlagen. Das Wasser muss heiß sein, darf aber nicht kochen. Die Creme unter die Sahne heben. Die Crème Chantilly mit einer Spritztülle mit kleiner Öffnung in den Windbeutel spritzen.

4 Für die Schokoladensauce die Milch und den Zucker in einem Topf aufkochen. Das Kakaopulver hinzu-fügen und mit einem Schneebesen verrühren. Die Zartbitterschokolade in kleine Stückchen brechen. Den Topf vom Herd nehmen und die Schokolade in dem heißen Kakaogemisch schmelzen lassen. Die Sauce durch ein Spitzsieb abgießen und so-weit abkühlen lassen, bis sie nur noch laufwarm ist. Die Windbeutel auf einer Platte pyramiden-förmig aufstellen und mit der Schokoladensauce übergießen.

Gefüllte Windbeutel sind in vielen Ländern sehr beliebt. Die Italiener nennen sie Pasticcini di Pasta Beignet, die Franzosen Profiteroles, also kleinen Geschenke, und bei uns Deutschen heißen sie eben Windbeutel. Egal wie man sie nennt, sie sind unverschämt lecker und aufgetürmt und mit Schokolade übergossen so etwas wie das Paradies auf Erden.

Flockentorte

1 Für den Mürbeteig Mehl, Zucker, Vanillezucker, Butter und das Eigelb zu einem glatten Teig verkneten und anschließend zu einer Kugel formen. In Klarsichtfolie einwickeln und 1 Stunde im Kühlschrank ruhen lassen.

2 Den Backofen auf 200 °C vorheizen. Drei Bögen Backpapier bereitlegen. Den Boden der Springform (26 cm Ø) jeweils auf das Backpapier legen und mit einem Stift umkreisen (wird später für den Brandteig benötigt).

3 Die Springform jetzt mit weiterem Backpapier auslegen und den Mürbeteig auf dem Boden verteilen. Den Boden mit einer Gabel einstechen und 15 Minuten im vorgeheizten Ofen backen. Nach dem Backen sofort aus der Springform entfernen und auf einem Tortengitter erkalten lassen.

4 Für den Brandteig das Wasser zusammen mit der Butter zum Kochen bringen. Den Topf vom Herd nehmen und das Mehl zusammen mit der Stärke in die Flüssigkeit geben. Den Topf zurück auf die Herdplatte stellen und den Teig unter ständigem Rühren abbrennen. Wenn sich eine weiße Schicht auf dem Topfboden gebildet hat und ein Klumpen entstanden ist, den Teig in eine Rührschüssel geben.

5 Die Eier nach und nach mit einem Rührgerät unter den Teig rühren. Zum Schluss das Backpulver unter den bereits leicht erkalteten Teig mischen.

6 Die drei Brandteigböden werden nun gebacken. Dazu jeweils ein Blatt des Backpapiers mit dem aufgemalten Kreis nehmen und den Kreis mit Teig gleichmäßig ca. 1 bis 2 cm dick ausstreichen. Den restlichen Teig in der Schüssel mit Klarsicht abdecken, damit er nicht austrocknet.

7 Den Boden bei 200 °C 20 bis 25 Minuten backen. Sofort nach dem Backen vom Blech auf ein Auskühlgitter ziehen. Mit den beiden anderen Böden auf die gleiche Art verfahren.

8 Die Ananas abtropfen lassen und in kleine Stücke schneiden. Die Sahne mit Puderzucker, Vanillezucker und Sahnesteif sehr steif schlagen.

9 Den Mürbeteigboden mit der Preiselbeermarmelade bestreichen und einen Brandteigboden darauf legen. Die Hälfte der Sahne auf den Brandteigboden streichen und mit der Hälfte der Ananas belegen. Den zweiten Brandteigboden darauf legen. Mit Ananas belegen und mit Sahne bestreichen.

10 Den dritten Boden grob zerbröckeln. Die Brandteigstücke auf der Sahne verteilen und mit Puderzucker bestäuben. Die Torte möglichst sofort servieren, da der Brandteig schnell durchweicht.

Füllung (Crème Pâtisserie)

6 Eigelb (Größe M)
100 g Zucker
20 g Mehl
20 g Speisestärke
500 ml Milch
1 Vanilleschote

Brandteig

100 ml Milch | 100 ml Wasser
1 Prise Salz | 90 g Butter
3 EL Zucker
Mark 1/2 Vanilleschote
100 g Mehl
3 Eier (Größe M)

Streiche und Glasur

1 Eigelb | 2 EL Milch
40 g weiße Fondantmasse
1 TL Cassis-Sirup oder
lila Lebensmittelfarbe

Küchengeräte

Handrührgerät | Schneebesen
Spritzbeutel mit Tüllen
Backblech und -papier

Backzeit: 35 Minuten
Ofentemperatur: 200 °C

Ergibt 12 Stück

Religieuse

1 Für die Füllung Eigelb und Zucker mit einem Handrührgerät so lange rühren, bis die Masse hell wird. Mehl und Speisestärke unter die Masse rühren.

2 In einem Topf die Milch mit dem Mark ½ Vanilleschote erwärmen. Die erhitzte Milch in die Eigelbmasse geben und unterrühren. Die gesamte Masse zurück in den Topf geben und die Creme solange mit dem Schneebesen rühren, bis die Masse abbindet und fest wird. Mit Klarsichtfolie bedecken und kühl stellen.

3 Für den Brandteig Milch, Wasser, Salz, Butter und Zucker erhitzen. Wenn die Butter vollständig geschmolzen ist, den Topf vom Herd nehmen und in einem Schwung das Mehl in die Flüssigkeit geben mit einem Holzlöffel intensiv unterschlagen. Die Hitze reduzieren und den Topf erneut auf die Herdplatte stellen. Den Teig solange rühren, bis sich eine weiße Schicht am Topfboden und sich ein Kloß gebildet hat.

4 Den Teig in eine Rührschüssel umfüllen und nach und nach die Eier unterrühren.

5 Den Backofen auf 200 °C vorheizen. Mit einem Spritzbeutel mit großer Lochtülle je 12 Tropfen in zwei unterschiedlichen Größen auf ein mit Backpapier belegtes Blech spritzen.

6 Das Eigelb mit Milch verquirlen und die Brandteigtupfen mit dem Eigelb bestreichen. Das kleine Zipfelchen, das sich durch das Aufspritzen gebildet hat, glattstreichen. Die Windbeutel 30 bis 35 Minuten bei 200 °C backen.

7 Die leicht ausgekühlten Windbeutel mit einem Spritzbeutel mit der Crème Pâtisserie füllen. Die großen Windbeutel sticht man am Deckel an und drückt die Masse ein, die kleinen Windbeutel am Boden.

8 Die Fondantmasse mit ein paar Tropfen Wasser auf maximal 35 °C erwärmen. Den Cassis-Sirup oder die Lebensmittelfarbe hinzugeben und verrühren. Lauwarmes Wasser hinzugeben, bis die Masse eine streichfähige Konsistenz hat. Die Windbeutel kopfüber in den Fondant tauchen und kurz abtropfen lassen

9 Zuletzt werden die Brandteigkugeln aufeinandergesetzt. Dazu wird der kleine Windbeutel auf die noch feuchte Fondantmasse des großen Windbeutels gesetzt.

Den Name „Religieuse" erhielt dieses Gebäck, weil die ursprünglich lila Glasur an das Ordensgewand von Nonnen und Mönchen erinnert. Dieses Gebäck wurde 1540 von Panterelli für Katherina de Medici entwickelt, die es nach Frankreich brachte.

Mandelmürbeteig

200 g Mehl | 130 g Butter
75 g Zucker | 1 Prise Salz
1 Eigelb (Größe M)
80 g geschälte, gemahlene Mandeln

Brandteig

100 ml Milch | 100 ml Wasser
1 Prise Salz | 90 g Butter | 3 EL Zucker
100 g Mehl | 3 Eier (Größe M)

Füllung

4 Eigelb (Größe M) | 60 g Zucker
15 g Mehl | 15 g Speisestärke
300 ml Milch
40 ml Holunderblütensirup

Dekor

100 g Zucker | 2 EL Wasser
400 g kleine Erdbeeren
200 g Sahne
50 g Zucker

Küchengräte

Backblech und -papier
Springform (26 cm Ø)
Handrührgerät
Spritzbeutel mit Tüllen

Backzeit: 2 x 35 Minuten
Ofentemperatur: 200 °C / 175 °C

Ergibt 1 Torte

Saint-Honoré-Torte

1 Für den Mürbeteig einen kleinen Mehlkegel formen und in die Mitte eine Mulde drücken. Die Butter klein schneiden und zusammen mit Zucker, Salz, Eigelb und Mandeln einen Teig kneten. Wenn keine Butterstücke mehr zu sehen sind, den Teig in Klarsichtfolie wickeln und eine Stunde im Kühlschrank erkalten lassen.

2 Für den Brandteig die Milch mit Salz und Butter erhitzen. Sobald die Butter ganz geschmolzen ist, den Topf vom Herd nehmen und das Mehl in einem Schwung dazugeben. Das Mehl kräftig unterschlagen und den Topf zurück auf den Herd stellen. Den Teig abbrennen, bis sich am Boden eine weiße Schicht gebildet hat und der Teig zu einem Kloß geworden ist. Den Teig in eine Rührschüssel umfüllen und nach und nach die beiden Eier mit einem Handrührgerät untermischen.

3 Den Backofen auf 200 °C vorheizen. Den Brandteig in den Spritzbeutel füllen und auf ein mit Backpapier belegtes Backblech 18 kleine Windbeutel-Tupfen spritzen. Bei 200 °C 30 bis 35 Minuten backen.

4 Den Boden einer Springform mit einem Durchmesser von 26 cm mit Backpapier auskleiden. Den Mürbeteig in die Form geben und einen kleinen Rand hochziehen. Den Boden mit einer Gabel mehrmals einstechen. Bei 175 °C 35 Minuten backen, auf dem Tortengitter auskühlen lassen.

5 Für die Füllung Eigelb und Zucker mit einem Handrührgerät so lange rühren, bis die Masse hell wird. Mehl und Speisestärke unter die Masse rühren.

6 In einem Topf die Milch erwärmen. Die erhitzte Milch in die Eigelbmasse geben und unterrühren. Die gesamte Masse zurück in den Topf geben und die Creme solange rühren, bis die Masse abbindet und fest wird. Den Holunderblütensirup unterrühren, mit Klarsichtfolie bedecken und kühl stellen.

7 Die Creme mit einem Spritzbeutel (oder einer Krapfenspritze) in die Windbeutel einfüllen. Den Zucker mit Wasser aufkochen, nicht rühren und karamellisieren. Den Mürbeteigrand mit dem Karamell bestreichen und die Windbeutel im Kreis daraufsetzen.

8 Die Erdbeeren waschen und in das Innere des Kreises setzen. In die Mitte drei Windbeutel als Fundament und einen als Krone auftürmen.

9 Die Sahne mit dem Zucker steif schlagen. Mit einem Spritzbeutel und großer Sterntülle sternförmig von der Mitte ausgehend 8 Sahnestreifen an den Rand spritzen.

Die Torte ist nach dem Schutzheiligen der Bäcker, dem Heiligen Honorius von Amiens, der Bischof von Amiens war, benannt. Der Bischof starb im Jahr 600. Er selbst hatte zwar nichts mit dem Bäckerei-Handwerk zu tun, ein Bäcker überschrieb aber im 13. Jahrhundert Land an die Stadt Paris, damit eine Kapelle zu Ehren des Honorius gebaut werden konnte. Im Jahr 1400 gründeten die Bäcker in dieser Kapelle ihre Zunft.

Ihren Namen erhielten die Croquembouche („kracht im Mund") durch den knackenden Ton der entsteht, wenn man in die Karamellschicht beißt. In Frankreich werden zu Hocheitzeiten hohe Türme kreiert und von den Hochzeitsgästen abgetragen.

Füllung (Crème Pâtisserie)

3 Eigelb (Größe M)
50 g Zucker
10 g Mehl
10 g Speisestärke
250 ml Milch
1/2 Vanilleschote
1 TL Grand Marnier

Brandteig

75 ml Milch | 75 ml Wasser
1 Prise Salz | 70 g Butter
2 EL Zucker
Mark 1/2 Vanilleschote
75 g Mehl
2 Eier (Größe M)

Zum Bestreichen

1 Eigelb | 2 EL Milch

Karamell

100 g Zucker
1/2 EL Wasser

Küchengeräte

Handrührgerät
Spritzbeutel mit Lochtülle
Backblech und -papier

Backzeit: 35 Minuten
Ofentemperatur: 200 °C

Ergibt 24 Bällchen

Croquembouche

1 Für die Füllung Eigelb mit Zucker fest verrühren. Mehl und Speisestärke hinzugeben. Das Mark aus der Vanilleschote herauskratzen, die Milch mit Vanillemark und -schote sowie Grand Marnier aufkochen. Den Topf vom Herd nehmen, einige Minuten ziehen lassen und die Vanilleschote entfernen.

2 Die Eigelbmasse in den Topf mit der Milch geben und unter ständigem Rühren erhitzen. Die Creme vom Herd nehmen und mit Frischhaltefolie bedeckt kühl stellen.

3 Für den Brandteig die Milch zusammen mit Wasser, Salz, Butter, Zucker und Vanillemark erhitzen. Sobald die Butter geschmolzen ist, den Topf vom Herd nehmen und mit einem Schwung das Mehl in den Topf geben. Mit einem Holzlöffel einrühren. Den Topf erneut auf den Herd stellen und bei mittlerer Hitze den Teig abbrennen: Mit einem Holzlöffel so lange intensiv rühren, bis sich der Teig zu einem Kloß entwickelt hat und eine weiße Schicht den Topfboden bedeckt.

4 Den Teig in eine Rührschüssel umfüllen, leicht erkalten lassen und nach und nach mit einem Handrührgerät die Eier einzeln unterrühren.

5 Den Backofen auf 200 °C vorheizen. Mit einem Spritzbeutel mit Lochtülle senkrecht aufsetzend Tupfen mit einem Durchmesser von ca. 4 cm auf ein mit Backpapier ausgelegtes Blech spritzen. Die Spitzen der Windbeutel mit der Eigelb-Wasser-Mischung bestreichen.

6 Die Windbeutel ca. 30 bis 35 Minuten backen. Nach dem Backen mit einem Spritzbeutel (oder einer Krapfenspritze) die Füllung in die Windbeutel spritzen.

7 Für das Karamell den Zucker zusammen mit dem Wasser in einem Topf mit dickem Boden erhitzen. Sobald das Karamell die richtige Farbe erreicht hat, den Topf von der Wärmequelle ziehen. Die Windbeutel in das Karamell tauchen und zu einem Turm aufschichten. Vorsicht – beim Karamellisieren kann es leicht zu Verbrennungen kommen.

Brandteig
250 ml Wasser
60 g Butter
1 Prise Salz
150 g Mehl
4 Eier (Größe M)
1 gestrichener TL Backpulver

Füllung
1 Vanilleschote
1/2 Päckchen Vanillepudding
200 ml Milch
5 EL Zucker
250 g Sahne

Dekor
Puderzucker

Küchengeräte
Handrührgerät
Backblech und -papier
Spritzbeutel mit Tüllen
Schneebesen

Backzeit: 5 und 25 Minuten
Ofentemperatur: 200 und 160 °C

Ergibt 4 Schwäne

Schwanensee

1 Für den Teig das Wasser zusammen mit Butter und Salz aufkochen. Den Topf vom Herd nehmen, das gesiebte Mehl dazugeben und so lange kräftig rühren, bis sich der Teig vom Topfboden löst. Den Teig in eine Rührschüssel umfüllen und nach und nach die 4 Eier einzeln unterrühren. Zum Schluss in den etwas erkalteten Teig das Backpulver einrühren.

2 Den Backofen auf 200 °C vorheizen. Ein Backblech mit Backpapier belegen. Für den Körper des Schwans 4 ovale Kleckse mit ca. 6 cm Durchmesser mit einer großen, gezackten Tülle aufspritzen. Anschließend 4 S-förmige, ca. 7 cm lange Schwanenhälse mit einer kleineren (ca. 9 mm Ø) glatten Tülle spritzen.

3 Den Teig ca. 5 Minuten auf 200 °C backen, anschließend die Temperatur auf 160 °C reduzieren und 30 bis 35 Minuten weiterbacken. Die Schwanenkörper abkühlen lassen und längs aufschneiden.

4 Eine Vanilleschote längs aufschneiden und das Mark herauskratzen. Den Vanillepudding nach Packungsanleitung aufkochen und das Vanillemark unterrühren. Die Schlagsahne steif schlagen und unter den Pudding heben.

5 Die unteren Teile des Schwanenkörpers mit der Vanillecreme befüllen. Die Creme darf dabei ein wenig aufgetürmt werden. Den oberen Bereich des Windbeuteldeckels in der Mitte halbieren, sodass 2 Flügel entstehen. Den Schwanenhals in die Creme stecken und die beiden Flügel andrücken. Sie stabilisieren zugleich den Hals. Mit Puderzucker bestreuen.

Geliebte Windbeutel

Brandteig

125 ml Wasser
1 Prise Salz
50 g Butter
75 g Mehl
2 Eier (Größe M)

Füllung

3 Blatt weiße Gelatine
100 ml Milch
1 Päckchen Vanillezucker
abgeriebene Schale
1 unbehandelten Limette
5 EL Ahornsirup
200 g Saure Sahne
2 EL Limoncello

Dekor

100 g frische Himbeeren
16 Blättchen Zitronenmelisse

Küchengeräte

Handrührgerät
Spritzbeutel mit großer Tülle
Backblech und -papier
Schneebesen

Backzeit: 35 Minuten
Kühlzeit: 4 Stunden
Ofentemperatur: 200 °C

Ergibt 16 kleine Windbeutel

Limettenküsschen

1 Für den Teig das Wasser mit Salz und Butter in einem Topf erhitzen. Sobald die Butter geschmolzen ist, den Topf von der Herdplatte nehmen, das Mehl in den Topf geben und kräftig rühren, bis sich eine weiße Schicht am Topfboden bildet. Den Teig in eine Rührschüssel umfüllen und die beiden Eier nach und nach mit einem Handrührgerät unter die Teigmasse rühren.

2 Den Backofen auf 200 °C vorheizen. Für die Windbeutel den Teig mit einem Spritzbeutel mit großer Tülle auf ein mit Backpapier ausgelegtes Backblech spritzen. Die Windbeutel 30 bis 35 Minuten backen. Den Backofen während dieser Zeit nicht öffnen. Nach dem Backen die Windbeutel kurz auskühlen lassen, dann halbieren.

3 Die Gelatine in kaltem Wasser 5 Minuten einweichen. Die Milch mit Vanillezucker, Limettenschale und 2 Esslöffeln Ahornsirup zum Kochen bringen. Die eingeweichte Gelatine ausdrücken. 2 Esslöffel der warmen Milchmischung mit der Gelatine verrühren. Dieses Gemisch anschließend mit dem Schneebesen in die heiße Milch einrühren. Dann sofort die saure Sahne und den Limoncello unterrühren. Die Masse mindestens 4 Stunden im Kühlschrank kaltstellen.

4 Mit einem Esslöffel von der Füllung Nocken abstechen und in die Brandteigschalen füllen. Die Himbeeren waschen und auf einem Küchenkrepp abtropfen lassen. Die Limettenküsschen mit den Himbeeren garnieren. Den restlichen Ahornsirup über die Windbeutel träufeln. Jeden Windbeutel mit einem Blättchen Zitronenmelisse verzieren.

Brandteig
125 ml Wasser
1 Prise Salz
50 g Butter
75 g Mehl
2 Eier (Größe M)

Füllung
1 sehr reife Mango
1 Spritzer Zitronensaft
1 Messerspitze Zimt
125 g Sahne

Dekor
Puderzucker

Küchengeräte
Handrührgerät
Backblech und -papier
Spritzbeutel mit großer Sterntülle

Backzeit: 35 Minuten
Ofentemperatur: 200 °C
Kühlzeit: 30 Minuten

Ergibt 10 Windbeutel

Windbeutel mit Mango-Zimt-Sahne

1 Für den Teig Wasser, Salz und Butter in einem Topf aufkochen. Den Topf von der Platte nehmen und das Mehl einrühren. Den Topf zurück auf die Herdplatte stellen und unter ständigem Rühren den Teig abbrennen, bis er zu einem Klumpen geworden ist und sich am Topfboden ein weißer Belag gebildet hat. Den Topf von der Herdplatte nehmen und den Teig in eine Rührschüssel umfüllen. Die zwei Eier verquirlen. Die Eiermasse nach und nach mit einem Handrührgerät untermischen.

2 Den Backofen auf 200 °C vorheizen. Ein Backblech mit Backpapier auslegen. Die Teigmasse in einen Spritzbeutel mit großer Sterntülle füllen und 10 Tupfen auf das Backblech spritzen. Die Windbeutel 30 bis 35 Minuten bei 200 °C backen. Während des Backens die Backofentür nicht öffnen.

3 Die Windbeutel aus dem Ofen holen, etwas abkühlen lassen und waagrecht aufschneiden.

4 Die Mango schälen, das Fruchtfleisch vom Kern schneiden und in kleine, ca. $\frac{1}{2}$ cm große Würfel schneiden. Das gewürfelte Fruchtfleisch mit Zitronensaft und Zimt verrühren, ca. 30 Minuten im Kühlschrank kaltstellen und durchziehen lassen.

5 Kurz vor dem Servieren die Sahne aufschlagen. Das Mangofruchtfleisch vorsichtig unter die Sahne heben. Die untere Hälfte des Windbeutels mit der Mangosahne füllen, den Deckel aufsetzen und mit Puderzucker bestreuen.

Brandteig

100 ml Milch | 100 ml Wasser
1 Prise Salz | 90 g Butter
3 EL Zucker | 100 g Mehl
3 Eier (Größe M)

Zum Bestreichen

1 Eigelb
2 EL Milch

Füllung (Crème Pâtisserie)

4 Eigelb (Größe M) | 60 g Zucker
15 g Mehl | 15 g Speisestärke
350 ml Milch | 1 TL Veilchenaroma

Dekor

300 g weißer Fondant
kandierte Veilchen

Küchengeräte

Handrührgerät
Spritzbeutel mit Tüllen
Backblech und -papier

Backzeit: 35 Minuten
Ofentemperatur: 200 °C

Ergibt 30 Stück

Wenn's Mailüfterl weht ...

1 Für die Brandteig Milch, Wasser, Salz, Butter und Zucker erhitzen. Wenn die Butter vollständig geschmolzen ist, den Topf vom Herd nehmen und in einem Schwung das Mehl in die Flüssigkeit geben mit einem Holzlöffel intensiv unterschlagen. Die Hitze reduzieren und den Topf erneut auf die Herdplatte stellen. Den Teig solange rühren, bis sich eine weiße Schicht am Topfboden und der Teig einen Kloß bildet. Den Teig in eine Rührschüssel umfüllen und nach und nach die Eier einzeln unterrühren.

2 Den Backofen auf 200 °C vorheizen. Mit einem Spritzbeutel mit großer Lochtülle ca. 30 kleine Tropfen auf ein mit Backpapier belegtes Blech spritzen.

3 Das Eigelb mit Milch verquirlen und die Brandteigtupfen damit bestreichen. Das kleine Zipfelchen, das sich durch das Aufspritzen gebildet hat, dabei glatt streichen.

4 Die Windbeutel 30 bis 35 Minuten bei 200 °C backen. Nach dem Backen auskühlen lassen.

5 Für die Füllung Eigelb und Zucker mit einem Handrührgerät so lange rühren, bis die Masse hell wird, dann Mehl und Speisestärke unter die Masse rühren.

6 In einem Topf die Milch erwärmen. Die erhitzte Milch in die Eigelbmasse geben und unterrühren. Die gesamte Masse zurück in den Topf geben und die Creme so lange rühren, bis die Masse abbindet und fest wird. Zum Schluss das Veilchenaroma einrühren. Die Creme mit Klarsichtfolie bedecken und kühl stellen.

7 Die Creme mit dem Spritzbeutel und einer langen Tülle (alternativ mit einer Krapfenspritze) von oben in den Windbeutel spritzen.

8 Den Fondant mit ein paar Tropfen Wasser in einem Topf leicht erwärmen (30 bis 35 °C) und vorsichtig verrühren. Ein wenig lauwarmes Wasser zugießen, bis eine glatte Glasur entsteht. Den Windbeutel in den Fondant eintauchen, abtropfen lassen und auf ein Kuchengitter setzen. Die kandierten Veilchen auf die noch flüssige Glasur setzen.

Brandteig

125 ml Wasser | 1 Prise Salz
50 g Butter
75 g Mehl
2 Eier (Größe M)

Füllung

350 g Sauerkirschen aus dem Glas
50 g Zucker
15 g Speisestärke
2 EL Kirschwasser
400 g Sahne
25 g Puderzucker
1 Päckchen Vanillezucker

Dekor

Puderzucker

Küchengeräte

Handrührgerät
Backblech und -papier
Spritzbeutel mit Tüllen

Backzeit: 35 Minuten
Ofentemperatur: 200 °C

Ergibt 10 Windbeutel

Windbeutel mit Kirschfüllung | *Foto auf dem Umschlag und auf Seite 29*

1 Für den Teig das Wasser mit Salz und Butter in einem Topf erhitzen. Sobald die Butter geschmolzen ist, den Topf von der Platte nehmen, das Mehl in den Topf geben und kräftig rühren. Den Topf zurück auf die Herdplatte stellen und rühren, bis sich eine weiße Schicht am Topfboden bildet. Den Teig in eine Rührschüssel umfüllen und die beiden Eier mit einem Handrührgerät einzeln unter die Teigmasse schlagen.

2 Den Backofen auf 200 °C vorheizen. Für die Windbeutel den Teig auf ein mit Backpapier ausgelegtes Backblech mit einer großen Tülle spritzen. Die Windbeutel 30 bis 35 Minuten backen. Den Backofen während dieser Zeit nicht öffnen. Nach dem Backen die Windbeutel kurz auskühlen lassen und anschließend halbieren.

3 Die Sauerkirschen durch ein Sieb abtropfen lassen und dabei 125 ml Flüssigkeit auffangen. Mit 4 Esslöffeln davon die Speisestärke anrühren. Den restlichen Saft mit dem Kirschwasser aufkochen lassen und die Speisestärke einrühren. Die Kirschen untermischen. Erkalten lassen.

4 Die Sahne zusammen mit Puder- und Vanillezucker steif schlagen. Die Kirschmasse in die unteren Windbeutelhälften geben. Anschließend die Sahne in einen Spritzbeutel mit Sterntülle geben und auf die Kirschmasse spritzen. Den Windbeuteldeckel aufsetzen und mit gesiebtem Puderzucker bestreuen.

Variante: Mischen Sie die Sahne mit den gut abgetropften Kirschen. Die rot-rosa Füllung bringt Farbe auf den Tisch.

Brandteig
125 ml Wasser
1 Prise Salz
50 g Butter
75 g Mehl
2 Eier (Größe M)

Füllung
100 g Mascarpone
100 g Quark
100 g Sahne
2 EL Calvados
50 g Zucker
1 Spritzer Zitrone
2 EL Apfelmus

Dekor
Puderzucker

Küchengeräte
Handrührgerät
Backblech und -papier
Spritzbeutel mit großer Tülle
Schneebesen

Backzeit: 35 Minuten
Kühlzeit: 2 Stunden
Ofentemperatur: 200 °C

Ergibt 10 Windbeutel

Calvados Windbeutel | *Foto auf Seite 28 oben*

1 Für den Teig das Wasser mit Salz und Butter in einem Topf erhitzen. Sobald die Butter geschmolzen ist, den Topf vom Herd nehmen, das Mehl hinzugeben und kräftig unterschlagen. Den Topf zurück auf die Herdplatte stellen und rühren, bis sich eine weiße Schicht am Topfboden bildet. Den Teig in eine Rührschüssel umfüllen und die beiden Eier nach und nach mit einem Handrührgerät unter die Teigmasse schlagen.

2 Den Backofen auf 200 °C vorheizen. Für die Windbeutel den Teig in einen Spritzbeutel mit großer Tülle geben und 10 Tupfen auf ein mit Backpapier ausgelegtes Backblech spritzen.

3 Die Windbeutel 30 bis 35 Minuten backen. Den Backofen während dieser Zeit nicht öffnen. Nach dem Backen die Windbeutel kurz auskühlen lassen und anschließend halbieren.

4 Mascarpone und Quark miteinander verrühren. Die Sahne steif schlagen. Die Sahne unter die Mascarpone-Masse mischen. Calvados, Zucker, Zitronensaft und Apfelmus in die Masse einrühren. 2 Stunden im Kühlschrank kalt stellen.

5 Die Füllung in die Windbeutel geben und den Deckel aufsetzen. Mit Puderzucker bestreuen.

Brandteig
125 ml Wasser
1 Prise Salz
50 g Butter
75 g Mehl
2 Eier (Größe M)

Füllung
100 g Zartbitterschokolade
250 g Ricotta
3 EL Ahornsirup
1 Prise Salz

Dekor
10 Physalis

Küchengeräte
Handrührgerät
Backblech und -papier
Spritzbeutel mit Tüllen
Wasserbad

Backzeit: 35 Minuten
Kühlzeit: 2 Stunden
Ofentemperatur: 200 °C

Ergibt 10 Windbeutel

Schokotraum mit Physalis

1 Für den Teig das Wasser mit Salz und Butter in einem Topf erhitzen. Sobald die Butter geschmolzen ist, den Topf vom Herd nehmen und das Mehl in den Topf geben. Kräftig rühren. Den Topf zurück auf die Herdplatte stellen und kräftig rühren, bis sich eine weiße Schicht am Topfboden bildet. Den Teig in eine Rührschüssel umfüllen. Die beiden Eier mit einem Handrührgerät einzeln unter die Teigmasse schlagen.

2 Den Backofen auf 200 °C vorheizen. Für die Windbeutel den Teig in einen Spritzbeutel mit großer Tülle geben und 10 Tupfen auf ein mit Backpapier ausgelegtes Backblech spritzen. Die Windbeutel 30 bis 35 Minuten backen. Nach dem Backen kurz auskühlen lassen und anschließend halbieren.

3 Die Zartbitterschokolade im Wasserbad schmelzen und leicht abkühlen lassen. Den Ahornsirup mit Ricotta und Salz verrühren. Anschließend die Schokolade unterrühren. Die Schokocreme für ca. 2 Stunden kalt stellen.

4 Die Blätter der Physalis nach unten klappen. Aus der Creme mit zwei Teelöffeln Nocken abstechen und in die Windbeutel geben. Die Physalis zur Dekoration darauf setzen.

Variante: Statt der Physalis können auch Sternfrüchte (Karambole) verwendet werden.

Brandteig

125 ml Wasser | 1 Prise Salz
50 g Butter | 75 g Mehl
2 Eier (Größe M)

Füllung

200 g Sahne
4 Scheiben Ananas aus der Dose
200 g Mascarpone
1 EL Puderzucker | 1 EL Kokosraspel
3 Blatt Gelatine

Dekor

100 g weiße Schokolade

Küchengeräte

Handrührgerät
Backblech und -papier
Spritzbeutel mit Tüllen
Pürierstab
Wasserbad
Schneebesen

Backzeit: 35 Minuten
Kühlzeit: 2 Stunden
Ofentemperatur: 200 °C

Ergibt 10 Windbeutel

Tropenherz

1 Für den Teig das Wasser mit Salz und Butter in einem Topf erhitzen. Sobald die Butter geschmolzen ist, den Topf vom Herd nehmen, das Mehl in den Topf geben und kräftig rühren. Den Topf zurück auf die Herdplatte stellen und den Teig abbrennen, d.h. kräftig rühren, bis sich eine weiße Schicht am Topfboden bildet. Den Teig in eine Rührschüssel umfüllen. Die beiden Eier mit einem Handrührgerät nach und nach unter die Teigmasse schlagen.

2 Den Backofen auf 200 °C vorheizen. Für die Windbeutel den Teig in einen Spritzbeutel mit großer Tülle geben und 10 herzförmige Tupfen auf ein mit Backpapier ausgelegtes Backblech spritzen. Die Windbeutel 30 bis 35 Minuten backen. Den Backofen während dieser Zeit nicht öffnen. Nach dem Backen kurz auskühlen lassen und anschließend halbieren.

3 Die Sahne steif schlagen. 4 Scheiben Ananas mit einem Pürierstab pürieren. Pürierte Ananas, Mascarpone, Puderzucker und Kokosraspel unter die Sahne heben. Die Gelatine 5 Minuten im kalten Wasser einweichen. Die Gelatine ausdrücken und im Wasserbad auflösen. 2 Esslöffel der Sahne in die Gelatine einrühren. Die aufgelöste Gelatine-Sahnemischung unter die Mascarponemasse heben. Im Kühlschrank 2 Stunden kalt stellen.

4 Die Schokolade im Wasserbad schmelzen. Die geschmolzene Schokolade in einen Spritzbeutel mit feiner Lochtülle füllen. Auf ein Backpapier Herzen aufspritzen und erkalten lassen.

5 Die Mascarponemasse in die unteren Windbeutelhälften füllen und die Schokoladenherzen auf die Masse stecken.

Brandteig

125 ml Wasser
1 Prise Salz
50 g Butter
75 g Mehl
2 Eier (Größe M)

Füllung

200 ml Milch
1 EL Quark
1 Päckchen Dr. Oetker
Himbeer-Sahne-Crème

Dekor

Dessertschmuck Streusel Mix
Puderzucker

Küchengeräte

Handrührgerät
Backblech und -papier
Spritzbeutel mit großer Tülle
Schneebesen

Backzeit: 35 Minuten
Kühlzeit: 2 Stunden
Ofentemperatur: 200 °C

Ergibt 14 kleine Windbeutel

Prinzessinnen Windbeutel

1 Für den Teig das Wasser mit Salz und Butter in einem Topf erhitzen. Sobald die Butter geschmolzen ist, den Topf vom Herd nehmen, das Mehl in den Topf geben und kräftig rühren. Den Topf zurück auf die Herdplatte stellen und solange kräftig rühren, bis sich eine weiße Schicht am Topfboden bildet. Den Teig in eine Rührschüssel umfüllen und die beiden Eier nach und nach mit einem Handrührgerät unter die Teigmasse schlagen.

2 Den Backofen auf 200 °C vorheizen. Für die Windbeutel den Teig in einen Spritzbeutel mit großer Tülle geben und 14 Tupfen auf ein mit Backpapier ausgelegtes Backblech spritzen. Die Windbeutel 30 bis 35 Minuten backen. Nach dem Backen kurz auskühlen lassen und anschließend halbieren.

3 Die kalte Milch mit dem Quark verrühren. Den Packungsinhalt der Himbeer-Sahne-Crème mit dem Handrührgerät 2 Minuten unterrühren.

4 Die Creme in die Windbeutel füllen, mit Schmuckstreuseln bestreuen, den Deckel darauf setzen und mit Puderzucker bestreuen.

Brandteig
75 ml Milch
75 ml Wasser
1 Prise Salz
70 g Butter
2 EL Zucker
75 g Mehl
2 Eier (Größe M)
Abrieb 1/2 Orange

Zum Bestreichen
1 Eigelb
2 EL Milch

Dekor
16 ganze Mandeln
1 Tube braune Lebensmittelfarbe
oder Zuckerkulör

Küchengeräte
Handrührgerät
Backblech und -papier
Spritzbeutel mit großer Tülle
Schneebesen

Backzeit: 35 Minuten
Ofentemperatur: 200 °C

Ergibt 16 Mäuse

Mäusealarm

1 Für den Teig Milch, Wasser, Salz, Butter und Zucker zum Kochen bringen. Wenn die Butter geschmolzen ist, den Topf vom Herd nehmen und das Mehl in einem Schwung hinzugeben. Den Topf bei mittlerer Hitze zurück auf den Herd stellen. Mit einem Holzlöffel kräftig rühren, bis sich aus dem Teig ein Kloß bildet und ein weißer Belag am Topfboden entsteht. Den Teig in eine Rührschüssel umfüllen und leicht erkalten lassen. Nach und nach die beiden Eier mit einem Handrührgerät unter den Teig rühren. Den Orangenabrieb untermischen.

2 Den Backofen auf 200 °C vorheizen. Den Teig in einen Spritzbeutel mit großer Tülle füllen und 16 walnussgroße Mäusekörper auf ein mit Backpapier belegtes Backblech spritzen. Beim Absetzen des Spritzbeutels das Mäuse-Schnäuzlein modellieren. Das Eigelb mit der Milch verrühren und die Mäuse damit bestreichen. Die Mäuse 30 bis 35 Minuten im Backofen backen.

3 Die Mandeln mit kochendem Wasser übergießen, 5 Minuten darin liegen lassen, abtrocknen und halbieren. Als Ohren in den Kopf der Maus stecken. Mit der Lebensmittelfarbe Augen und Barthaare aufmalen.

Mit ein bisschen Phantasie können Sie Ihre eigene kleine Tierwelt aus Brandteig gestalten, zum Beispiel Schwäne, Tintenfische, Elefanten, Seesterne – probieren Sie es einfach aus.

Brandteig
7 EL Wasser
20 g Butter
1 Prise Salz
40 g Mehl
1 Ei (Größe M)
¼ TL Backpulver

Füllung
200 g Sahne
1 Päckchen Sahnesteif

Dekor
Puderzucker

Küchengeräte
Handrührgerät
Backblech und -papier
Spritzbeutel mit großer Tülle

Backzeit: 20 und 10 Minuten
Ofentemperatur: 200 und 160 °C

Ergibt 2 Windbeutel

Weißer Riese

1 Für den Teig das Wasser zusammen mit Butter und Salz zum Kochen bringen. Wenn die Butter geschmolzen ist, den Topf von der Herdplatte nehmen und das Mehl in den Topf geben. Kräftig rühren. Den Topf zurück auf die Herdplatte geben und rühren, bis sich eine weiße Schicht auf dem Topfboden gebildet hat und der Teig zu einem Kloß wird.

2 Den Backofen auf 200 °C vorheizen. Den Teig in eine Schüssel geben. Das Ei mit dem Handrührgerät unterrühren. Zum Schluss das Backpulver in den leicht erkalteten Teig einrühren.

3 Mit einem Spritzbeutel mit großer Sterntülle 2 Tupfen mit einem Durchmesser von 10 cm auf das Backblech spritzen. Bei dieser Größe können Sie den Teig auch mit Messer oder Palette auf das Backpapier aufstreichen.

4 Die Windbeutel in den Ofen geben. Bei 200 °C ca. 20 Minuten backen. Anschließend die Temperatur auf 160 °C reduzieren und weitere 5 bis 10 Minuten backen. Die Windbeutel aus dem Ofen nehme, leicht abkühlen lassen und aufschneiden.

5 Die Sahne mit dem Sahnesteif steif schlagen. Die Sahne mit einer großen Lochtülle auf die beiden Windbeutelunterseiten verteilen. Den Deckel wieder darauf setzen und mit Puderzucker bestreuen.

Brandteig

125 ml Wasser
1 Prise Salz
50 g Butter
75 g Mehl
2 Eier (Größe M)

Füllung

250 g gefrorene Heidelbeeren
185 g Quark

Dekor

3 TL Puderzucker

Küchengeräte

Handrührgerät
Backblech und -papier
Spritzbeutel mit großer Tülle
Pürierstab
evtl. Eisportionierer

Backzeit: 35 Minuten
Ofentemperatur: 200 °C

Ergibt 16 Stück

Kaptain Blaubeer

1 Für den Teig das Wasser mit Salz und Butter in einem Topf aufkochen. Sobald die Butter geschmolzen ist, den Topf vom Herd nehmen und das Mehl in einem Schwung in den Topf kippen. Kräftig rühren. Den Topf zurück auf die Herdplatte stellen und kräftig weiterrühren, bis sich eine weiße Schicht am Topfboden gebildet hat. Den Teig in eine Rührschüssel umfüllen. Die beiden Eier nach und nach mit einem Handrührgerät unter die Teigmasse schlagen.

2 Den Backofen auf 200 °C vorheizen. Für die Windbeutel den Teig in einen Spritzbeutel mit großer Tülle geben und 16 Tupfen auf ein mit Backpapier ausgelegtes Backblech spritzen. Die Windbeutel 30 bis 35 Minuten backen. Den Backofen während dieser Zeit nicht öffnen. Nach dem Backen die Windbeutel kurz auskühlen lassen und anschließend halbieren.

3 Die gefrorenen Heidelbeeren mit einem Pürierstab fein pürieren und mit Quark und Puderzucker verrühren.

4 Mit einem Eisportionierer Kügelchen abstechen, in die unteren Windbeutelhälften einfüllen und sofort servieren.

Brandteig

125 ml Wasser
1 Prise Salz
50 g Butter
75 g Mehl
2 Eier (Größe M)

Füllung

350 g Griechischer Joghurt
4 EL Honig

Dekor

Liebesperlen

Küchengeräte

Handrührgerät
Backblech und -papier
Spritzbeutel mit großer Tülle

Backzeit: 35 Minuten
Ofentemperatur: 200 °C

Ergibt 16 Muscheln

Aphrodites Versuchung

1 Für den Teig das Wasser mit Salz und Butter in einem Topf aufkochen. Sobald die Butter geschmolzen ist, den Topf vom Herd nehmen, das Mehl in den Topf kippen und kräftig rühren. Den Topf zurück auf den Herd stellen und bei geringer Hitze rühren, bis sich eine weiße Schicht am Topfboden gebildet hat. Den Topf von der Herdplatte nehmen und den Teigkloß in eine Rührschüssel kippen und etwas abkühlen lassen. Die beiden Eier mit einem Handrührgerät nach und nach unter die Teigmasse schlagen.

2 Den Backofen auf 200 °C vorheizen. Für die Windbeutel den Teig in einen Spritzbeutel mit großer Tülle geben und 16 Tupfen auf ein mit Backpapier ausgelegtes Backblech spritzen. Die Windbeutel 30 bis 35 Minuten backen. Den Backofen während dieser Zeit nicht öffnen. Nach dem Backen die Windbeutel kurz auskühlen lassen und anschließend halbieren.

3 Den Joghurt in eine Schüssel geben und mit dem Honig verrühren. Die Masse in die Brandteigmuscheln füllen und jeweils einige kleine Liebesperlen zur Dekoration auf die Muschel setzen.

Brandteig
125 ml Wasser | 1 Prise Salz
50 g Butter | 75 g Mehl
2 Eier (Größe M)

Füllung
150 g Roquefort
2 EL Frischkäse

Dekor
1 Birne
1 EL Zitronensaft
16 Walnussstückchen

Küchengeräte
Handrührgerät
Backblech und -papier
Spritzbeutel mit großer Tülle

Backzeit: 35 Minuten
Ofentemperatur: 200 °C

Ergibt 16 Stück

Häppchen mit Roquefort und Birne | *Foto auf Seite 52*

1 Für den Teig das Wasser mit Salz und Butter in einem Topf aufkochen. Sobald die Butter geschmolzen ist, den Topf vom Herd nehmen und das Mehl in einem Schwung in den Topf kippen. Kräftig rühren. Den Topf zurück auf die Herdplatte stellen und bei geringer Temperatur kräftig weiterrühren, bis sich eine weiße Schicht am Topfboden gebildet hat. Den Teig in eine Rührschüssel umfüllen. Die beiden Eier nach und nach mit einem Handrührgerät unter die Teigmasse schlagen.

2 Den Backofen auf 200 °C vorheizen. Für die Windbeutel den Teig in einen Spritzbeutel mit großer Tülle geben und 16 Tupfen auf ein mit Backpapier ausgelegtes Backblech spritzen. Die Windbeutel 30 bis 35 Minuten backen. Den Backofen während dieser Zeit nicht öffnen. Nach dem Backen kurz auskühlen lassen und anschließend halbieren.

3 Den Roquefort mit dem Frischkäse zerdrücken. Mit zwei Teelöffeln kleine Nocken abstechen und in die unteren Windbeutelhälften geben.

4 Die Birne schälen, vom Kernhaus befreien und in 16 dünne Schnitze schneiden. Mit Zitronensaft beträufeln.

5 Jeweils einen Birnenschnitz und ein Stückchen Walnuss dekorativ auf den Windbeutel setzen.

Variante: Anstatt des Roqueforts können Sie auch jeden anderen Blauschimmelkäse verwenden.

Windbeutel mit Ziegenkäse | *Foto auf Seite 53*

1 Für den Teig das Wasser mit Salz und Butter in einem Topf aufkochen. Sobald die Butter geschmolzen ist, den Topf vom Herd nehmen und das Mehl in einem Schwung in den Topf kippen. Kräftig rühren. Den Topf zurück auf die Herdplatte stellen und bei geringer Temperatur kräftig weiterrühren, bis sich eine weiße Schicht am Topfboden gebildet hat. Den Teig in eine Rührschüssel umfüllen. Die beiden Eier mit einem Handrührgerät nach und nach unter die Teigmasse schlagen.

2 Den Backofen auf 180 °C vorheizen. Für die Windbeutel den Teig in einen Spritzbeutel mit großer Tülle geben und 10 Tupfen auf ein mit Backpapier ausgelegtes Backblech spritzen. Die Windbeutel 20 bis 25 Minuten backen. Den Backofen während dieser Zeit nicht öffnen. Nach dem Backen die Windbeutel kurz auskühlen lassen und anschließend halbieren.

3 Für die Feige den Zucker und 5 Esslöffel Wasser in einem Topf vorsichtig erhitzen, bis die Masse karamellisiert. Den Topf vom Herd nehmen und den Sherry nach und nach zugeben. Den Topf wieder auf den Herd stellen und die Mischung aufkochen lassen. Die Feigenachtel in das Karamell legen und abkühlen lassen.

4 Für den Käse Kichererbsenmehl, Backpulver und Salz mit so viel Wasser verrühren, dass eine Art Pfannenkuchenteig entsteht. Die Fritteuse auf 180 °C erhitzen. (Wenn Sie das Öl im Topf erhitzen, dann erkennen Sie mit folgendem Trick, ob die richtige Temperatur erreicht ist: Halten Sie einen Holzlöffelstiel ins heiße Fett – wenn sich sofort kleine Bläschen um den Stiel herum bilden, ist die Temperatur richtig.)

5 Den Ziegenkäse in 10 Scheiben schneiden und in Mehl wenden. In den Kichererbsenteig eintauchen und ins heiße Öl geben. 2 Minuten rundum goldbraun backen, vorsichtig mit der Schaumkelle herausnehmen und auf Küchenkrepp abtropfen lassen.

6 Den Ziegenkäse in die unteren Windbeutelhälften geben und mit der Feige dekorieren. Mit grob gemahlenem buntem Pfeffer bestreuen.

Brandteig

125 ml Wasser | 1 Prise Salz
50 g Butter | 75 g Mehl
2 Eier (Größe M)

Füllung

240 g Kichererbsen
aus der Dose (Abtropfgewicht)
1/2 Knoblauchzehe
2 EL Zitronensaft
1 EL Olivenöl
1/2 TL Kreuzkümmel
1 EL Tahin Sesampaste
Pfeffer | Salz

Dekor

1/2 Paprika
1 Karotte

Küchengeräte

Handrührgerät
Backblech und -papier
Spritzbeutel mit großer Tülle
Pürierstab

Backzeit: 35 Minuten
Ofentemperatur: 200 °C

Ergibt 16 Stück

Hummus Oriental

1 Für den Teig das Wasser mit Salz und Butter in einem Topf aufkochen. Sobald die Butter geschmolzen ist, den Topf vom Herd nehmen und das Mehl in einem Schwung in den Topf geben. Kräftig rühren. Den Topf zurück auf die Herdplatte stellen und bei geringer Temperatur rühren, bis sich eine weiße Schicht am Topfboden bildet. Den Teig in eine Rührschüssel umfüllen. Die beiden Eier mit einem Handrührgerät nach und nach unter die Teigmasse schlagen.

2 Den Backofen auf 200 °C vorheizen. Für die Windbeutel den Teig in einen Spritzbeutel mit großer Tülle geben und 16 Tupfen auf ein mit Backpapier ausgelegtes Backblech spritzen. Die Windbeutel 30 bis 35 Minuten backen. Den Backofen während dieser Zeit nicht öffnen. Nach dem Backen die Windbeutel kurz auskühlen lassen und anschließend halbieren.

3 Kichererbsen mit kaltem Wasser abspülen und abtropfen lassen. Knoblauch, Zitronensaft, Olivenöl, Kreuzkümmel und Sesampaste zusammen mit den Kichererbsen in einen Topf geben. Alle Zutaten mit dem Pürierstab pürieren. Mit Pfeffer und Salz abschmecken.

4 Die Paprika schälen, entkernen und in längliche Stifte schneiden. Die Karotten schälen und ebenfalls in längliche Stifte schneiden.

5 Die Hummus-Masse in die unteren Windbeutelhälften füllen und mit Paprika- und Karottensticks garnieren.

Brandteig

125 ml Wasser

1 Prise Salz

50 g Butter

75 g Mehl

2 Eier (Größe M)

Füllung

200 g Erbsen (TK)

2 EL Sauerrahm

1 Prise Salz

1 Messerspitze Pfeffer

Dekor

10 Scheiben Chorizo

1 kleine Paprika

Küchengeräte

Handrührgerät

Backblech und -papier

Spritzbeutel mit großer Tülle

Pürierstab

Backzeit: 35 Minuten

Ofentemperatur: 200 °C

Ergibt 10 Stück

Erbsenpüree mit Chorizo

1 Für den Teig das Wasser mit Salz und Butter in einem Topf aufkochen. Sobald die Butter geschmolzen ist, den Topf vom Herd nehmen, das Mehl in den Topf kippen und kräftig rühren. Den Topf zurück auf den Herd stellen und bei geringer Hitze rühren, bis sich eine weiße Schicht am Topfboden gebildet hat. Den Topf von der Herdplatte nehmen. Den Teigkloß in eine Rührschüssel kippen, kurz abkühlen lassen und die beiden Eier mit einem Handrührgerät nach und nach einrühren.

2 Den Backofen auf 200 ℃ vorheizen. Für die Windbeutel den Teig in einen Spritzbeutel mit großer Tülle geben und 10 Tupfen auf ein mit Backpapier ausgelegtes Backblech spritzen. Die Windbeutel 30 bis 35 Minuten backen. Den Backofen während dieser Zeit nicht öffnen. Nach dem Backen die Windbeutel kurz auskühlen lassen und anschließend halbieren.

3 Die tiefgekühlten Erbsen in einen Topf geben, mit Wasser bedecken und 5 Minuten kochen. Das Wasser abgießen. Sauerrahm, Salz und Pfeffer zu den Erbsen geben und pürieren. Die Chorizo-Scheiben in einer beschichteten Pfanne ohne Öl kross braten.

4 Die Erbsenmasse mit einem Löffel oder Spritzbeutel in die unteren Windbeutelhälften geben. Die Chorizo zu einem Trichter formen und leicht in die Erbsenmasse drücken. Die Paprika waschen, entkernen und in schmale Streifen schneiden. Über jeden Windbeutel einen kleinen Paprikastreifen drapieren.

Brandteig
125 ml Wasser
1 Prise Salz
50 g Butter
75 g Mehl
2 Eier (Größe M)

Füllung
1 Dose Thunfisch (im eigenen Saft)
3 EL Crème fraîche
1/2 TL Salz
1 TL Zitronensaft
1 kleine Schalotte
1 EL Kapern
Pfeffer

Dekor
1/2 Bund Petersilie
1 Zitrone

Küchengeräte
Handrührgerät
Backblech und -papier
Spritzbeutel mit großer Tülle
Pürierstab

Backzeit: 35 Minuten
Ofentemperatur: 200 °C

Ergibt 15 Kugeln

Thunfisch im Brandteigmantel

1 Das Wasser mit dem Salz und der Butter in einem Topf erhitzen. Sobald die Butter geschmolzen ist, den Topf vom Herd nehmen, das Mehl in den Topf kippen und kräftig rühren. Den Topf zurück auf den Herd stellen und rühren, bis sich eine weiße Schicht am Topfboden gebildet hat. Den Topf von der Herdplatte nehmen und den Teigkloß in eine Rührschüssel umfüllen und kurz abkühlen lassen. Die beiden Eier mit einem Handrührgerät nach und nach unter die Teigmasse schlagen.

2 Den Backofen auf 200 °C vorheizen. Für die Windbeutel den Teig in einen Spritzbeutel mit großer Tülle geben und 15 Tupfen in der Größe der 2-€-Münze auf ein mit Backpapier ausgelegtes Backblech spritzen. Die Windbeutel 30 bis 35 Minuten backen. Den Backofen während dieser Zeit nicht öffnen. Nach dem Backen die Windbeutel kurz auskühlen lassen.

3 Den Thunfisch abgießen und zusammen mit Crème fraîche, Zitronensaft, Schalotte und Kapern pürieren. Mit Pfeffer abschmecken.

4 Die Thunfischmasse in einen Spritzbeutel mit schmaler Tülle (alternativ in eine Krapfenspritze) geben und die Windbeutel damit füllen.

5 Zum Servieren jeweils 3 Thunfischbällchen in ein Cocktailglas legen. Mit einem Zweig Petersilie und einem Schnitz Zitrone dekorieren.

Brandteig
125 ml Wasser | 1 Prise Salz
50 g Butter | 75 g Mehl
2 Eier (Größe M)

Füllung
2 reife Avocados | Saft 1/2 Zitrone
Pfeffer | Salz

Dekor
1 EL Butter | 16 Cocktailgarnelen
Saft 1/2 Zitrone

Küchengeräte
Handrührgerät
Backblech und -papier
Spritzbeutel mit großer Tülle
Pürierstab

Backzeit: 35 Minuten
Ofentemperatur: 200 °C

Ergibt 16 Schiffchen

Avocadoschiffchen
mit Cocktailgarnelen

1 Für den Teig das Wasser mit Salz und Butter in einem Topf aufkochen. Sobald die Butter geschmolzen ist, den Topf vom Herd nehmen, das Mehl in den Topf kippen und kräftig rühren. Den Topf zurück auf den Herd stellen und bei geringer Hitze rühren, bis sich eine weiße Schicht am Topfboden gebildet hat. Den Topf von der Herdplatte nehmen und den Teigkloß in eine Rührschüssel umfüllen, kurz abkühlen lassen Die beiden Eier mit einem Handrührgerät nach und nach unter die Teigmasse schlagen.

2 Den Backofen auf 200 °C vorheizen. Für die Windbeutel den Teig in einen Spritzbeutel mit großer Tülle geben und 16 Tupfen auf ein mit Backpapier ausgelegtes Backblech spritzen. Die Windbeutel 30 bis 35 Minuten backen. Den Backofen während dieser Zeit nicht öffnen. Nach dem Backen die Windbeutel kurz auskühlen lassen und anschließend halbieren.

3 Die Avocados halbieren, jeweils den Stein entfernen und mit einem Teelöffel das Frucht-fleisch ausschaben. Die Avocados mit einem Pürierstab pürieren. Den Zitronensaft da-zugeben und mit Salz und Pfeffer würzen. Das Avocadopüree luft- und lichtdicht im Kühlschrank lagern, damit es nicht braun wird.

4 Die Butter in der Pfanne erhitzen. Die Garnelen darin schwenken und mit Zitronensaft beträufeln. Die Avocadomasse in die unteren Windbeutelhälften füllen und mit einer Garnele als Segel garnieren.

Kaufen Sie unbedingt schon gereinigte und wenn möglich vorgekochte Garnelen. Sie brauchen dann den Darm nicht mehr entfernen und die Garnelen nur noch kurz in Butter erwärmen.

Brandteig

125 ml Wasser | 1 Prise Salz
50 g Butter | 75 g Mehl
2 Eier (Größe M)

Füllung (Obazda)

240 g reifer Camembert
3 EL zimmerwarme Butter
1 1/2 Zwiebeln
Salz | Pfeffer
Paprikapulver edelsüß
1 Bund Schnittlauch

Dekor

18 kleine Salzbrezeln

Küchengeräte

Handrührgerät
Backblech und -papier
Spritzbeutel mit großer Tülle

Backzeit: 35 Minuten
Ofentemperatur: 200 °C

Ergibt 18 Stück

Münchner Wiesn Schmankerl

1 Für den Teig das Wasser mit Salz und Butter in einem Topf aufkochen. Sobald die Butter geschmolzen ist, den Topf vom Herd nehmen, das Mehl in den Topf kippen und kräftig rühren. Den Topf zurück auf den Herd stellen und bei geringer Hitze rühren, bis sich eine weiße Schicht am Topfboden gebildet hat. Den Topf von der Herdplatte nehmen, den Teigkloß in eine Rührschüssel kippen und etwas abkühlen lassen. Die beiden Eier mit einem Handrührgerät nach und nach unter die Teigmasse schlagen.

2 Den Backofen auf 200 °C vorheizen. Für die Windbeutel den Teig in einen Spritzbeutel mit großer Tülle geben und 18 walnussgroße Tupfen auf ein mit Backpapier ausgelegtes Backblech spritzen. Die Windbeutel 30 bis 35 Minuten backen. Den Backofen während dieser Zeit nicht öffnen. Nach dem Backen die Windbeutel kurz auskühlen lassen und anschließend halbieren.

3 Die Rinde des Camemberts entfernen. Den Käse zusammen mit der Butter zerdrücken. Die Zwiebeln abziehen und in sehr feine Würfelchen hacken. Unter die Käsemischung rühren. Mit Paprika, Salz und Pfeffer abschmecken.

4 18 kleine Kügelchen aus dem Obazda rollen. Schnittlauch waschen, trockenschütteln und in kleine Röllchen schneiden. Die Käsekügelchen im Schnittlauch rollen und anschließen in die Windbeutelhälften setzen. Mit einer kleinen Salzbrezel dekorieren.

Brandteig

125 ml Wasser | 1 Prise Salz
50 g Butter | 75 g Mehl
2 Eier (Größe M)

Füllung

3 EL Olivenöl | 250 g Cocktailtomaten
3 EL Tomatenmark | 1 Prise Salz
1 Spritzer Balsamico-Essig
1 Prise Zucker
evtl. 1 Prise Chiliflocken
2 kleine Hähnchenbrüste
4 EL heller Sesam | Olivenöl zum Braten

Dekor

12 Blättchen Basilikum

Küchengeräte

Handrührgerät
Backblech und -papier
Spritzbeutel mit großer Tülle

Backzeit: 35 Minuten
Ofentemperatur: 200 °C

Ergibt 8 Stück

Hähnchenhäppchen auf Tomate

1 Für den Teig das Wasser mit Salz und Butter in einem Topf aufkochen. Sobald die Butter geschmolzen ist, den Topf vom Herd nehmen, das Mehl in den Topf kippen und kräftig rühren. Den Topf zurück auf den Herd stellen und bei geringer Hitze rühren, bis sich eine weiße Schicht am Topfboden gebildet hat. Den Topf von der Herdplatte nehmen, den Teigkloß in eine Rührschüssel kippen und etwas abkühlen lassen. Die beiden Eier mit einem Handrührgerät nach und nach unter die Teigmasse schlagen.

2 Den Backofen auf 200 °C vorheizen. Für die Windbeutel den Teig in einen Spritzbeutel mit großer Tülle geben und 8 Tupfen auf ein mit Backpapier ausgelegtes Backblech spritzen. Die Windbeutel 30 bis 35 Minuten backen. Den Backofen während dieser Zeit nicht öffnen. Nach dem Backen die Windbeutel kurz auskühlen lassen und anschließend halbieren.

3 Das Olivenöl erhitzen. Die Cocktailtomaten mit Tomatenmark und Salz ca. 5 Minuten köcheln lassen. Mit Balscamico-Essig und Zucker abschmecken. Wenn Sie es gerne pikant mögen, geben Sie eine Prise Chiliflocken hinzu.

4 Die Hähnchenbrüste abwaschen, trockentupfen, mit Olivenöl bepinseln und im Sesam wenden. Olivenöl in der Pfanne erhitzen und die Hähnchenbrüste von beiden Seiten braten. Vorsichtig aus der Pfanne nehmen, salzen und in 8 Stücke schneiden.

5 Tomatensugo in die Windbeutel füllen, Hähnchenstücke daraufsetzen und mit einem Blatt Basilikum verzieren. Sofort servieren.

Brandteig

125 ml Wasser | 1 Prise Salz
50 g Butter | 75 g Mehl
2 Eier (Größe M)

Füllung

200 g Feta | 1 rote Paprika
40 g Rucola | 100 g Frischkäse
Salz | Pfeffer
1 TL Olivenöl | 16 schwarze Oliven

Küchengeräte

Handrührgerät
Backblech und -papier
Spritzbeutel mit großer Tülle

Backzeit: 35 Minuten
Ofentemperatur: 200 °C

Ergibt 16 Stück

Griechischer Hirtenschmaus

1 Für den Teig das Wasser mit Salz und Butter in einem Topf aufkochen. Sobald die Butter geschmolzen ist, den Topf vom Herd nehmen, das Mehl in den Topf kippen und kräftig rühren. Den Topf zurück auf den Herd stellen und bei geringer Hitze rühren, bis sich eine weiße Schicht am Topfboden gebildet hat. Den Topf von der Herdplatte nehmen, den Teigkloß in eine Rührschüssel kippen und etwas abkühlen lassen. Die beiden Eier mit einem Handrührgerät nach und nach unter die Teigmasse schlagen.

2 Den Backofen auf 200 °C vorheizen. Für die Windbeutel den Teig in einen Spritzbeutel mit großer Tülle geben und 16 walnussgroße Tupfen auf ein mit Backpapier ausgelegtes Backblech spritzen. Die Windbeutel 30 bis 35 Minuten backen. Den Backofen während dieser Zeit nicht öffnen. Nach dem Backen die Windbeutel kurz auskühlen lassen und anschließend halbieren.

3 Den Feta mit der Gabel in einer Schüssel zerdrücken. Die Paprika waschen, entkernen und in kleine Würfelchen schneiden. Den Rucola waschen, trockenschütteln, von harten Stielen befreien und sehr fein schneiden. Paprika und Rucola mit dem Feta vermischen. Den Frischkäse und das Olivenöl untermischen und mit Salz und Pfeffer abschmecken. 8 Oliven abtropfen lassen und in feine Scheiben schneiden. Anschließend unter die Feta-Masse rühren.

4 Mit zwei Teelöffeln kleine Nocken formen und in die Brandteighälften setzen. Die restlichen Oliven in Scheiben schneiden und als Dekoration auf die die Käsefüllung setzen.

Brandteig

125 ml Wasser
1 Prise Salz
50 g Butter
75 g Mehl
2 Eier (Größe M)

Füllung

1/2 Bund Dill
300 g Frischkäse
100 g Räucherlachs
1 Spritzer Zitrone
bunter, grob gemahlener Pfeffer

Küchengeräte

Handrührgerät
Backblech und -papier
Spritzbeutel mit großer Tülle

Backzeit: 35 Minuten
Ofentemperatur: 200 °C

Ergibt 16 Stück

Gourmetwindbeutelchen mit Lachs

1 Für den Teig das Wasser mit Salz und Butter in einem Topf aufkochen. Sobald die Butter geschmolzen ist, den Topf vom Herd nehmen, das Mehl in den Topf kippen und kräftig rühren. Den Topf zurück auf den Herd stellen und bei geringer Hitze rühren, bis sich eine weiße Schicht am Topfboden gebildet hat. Den Topf von der Herdplatte nehmen, den Teigkloß in eine Rührschüssel kippen und etwas abkühlen lassen. Die beiden Eier mit einem Handrührgerät nach und nach unter die Teigmasse schlagen.

2 Den Backofen auf 200 °C vorheizen. Für die Windbeutel den Teig in einen Spritzbeutel mit großer Tülle geben und 16 walnussgroße Tupfen auf ein mit Backpapier ausgelegtes Backblech spritzen. Die Windbeutel 30 bis 35 Minuten backen. Den Backofen während dieser Zeit nicht öffnen. Nach dem Backen die Windbeutel kurz auskühlen lassen und anschließend halbieren.

3 Den Dill waschen und trocken schütteln. Die Dillspitzen von den Stängeln abziehen und klein hacken. Den Frischkäse mit den Dillspitzen vermengen. 60 g vom Lachs mit einem Messer klein schneiden und unter die Frischkäsemasse mengen. Mit Zitrone abschmecken.

4 Mit einem Teelöffel kleine Nocken in die Windbeutelhälften setzen. Mit buntem, grob gemahlenem Pfeffer bestreuen. Den restlichen Lachs in 16 kleine Streifen schneiden und die Lachscreme damit belegen.

Zarte Verführer

Brandteig

75 ml Milch
75 ml Wasser
1 Prise Salz
70 g Butter
2 EL Zucker
75 g Mehl
2 Eier (Größe M)

Füllung

200 g gekochte Maronen,
geschält und vakuumiert
200 ml Milch
3 EL Rum
2 EL flüssiger Honig

Guss

200 g Puderzucker
2 EL Orangensaft

Küchengeräte

Handrührgerät
Backblech und -papier
Spritzbeutel mit Tüllen
Pürierstab
Schneebesen

Backzeit: 35 Minuten
Ofentemperatur: 200 °C

Ergibt 20 Stück

Maronenstäbchen

1 Für den Teig Milch, Wasser, Salz, Butter und Zucker zum Kochen bringen. Wenn die Butter geschmolzen ist, den Topf vom Herd nehmen und das Mehl in einem Schwung hineingeben. Den Topf bei mittlerer Hitze zurück auf den Herd stellen. Mit einem Holz-löffel kräftig rühren, bis sich aus dem Teig ein Kloß bildet und ein weißer Belag am Topf-boden entsteht. Den Teig in eine Rührschüssel umfüllen und leicht erkalten lassen. Nach und nach die beiden Eier mit einem Handrührgerät unter den Teig rühren.

2 Den Backofen auf 200 °C vorheizen. Auf ein mit Backpapier belegtes Backblech mit einem Spritzbeutel mit großer (ca. 11 mm Ø) Lochtülle ca. 15 cm lange Stangen spritzen. Die Eclairs 25 bis 30 Minuten backen, aus dem Backofen nehmen und vollständig ab-kühlen lassen.

3 Für die Füllung die zerkleinerten Maronen mit Milch und Rum bei schwacher Hitze 10 Mi-nuten köcheln lassen. Mit dem Pürierstab zerkleinern, den Honig unterrühren und kühl stellen. Puderzucker mit Orangensaft glatt verrühren.

4 Die Maronenfüllung in einen Spritzbeutel (alternativ in eine Krapfenspritze) geben und an beiden Enden des Eclairs einspritzen. Die Eclairs mit dem Orangenguss bestreichen.

Füllung
1 Päckchen Dr. Oetker Paradies Creme
Milchkaffee
200 ml Milch
50 ml kalter Espresso
1 EL Quark, Magerstufe

Brandteig
100 ml Milch
1 Prise Salz
40 g Butter
80 g Mehl
2 Eier (Größe M)
1 TL Kakao

Dekor
Kakao

Küchengeräte
Handrührgerät
Backblech und -papier
Spritzbeutel mit großer Tülle

Backzeit: 35 Minuten
Ofentemperatur: 200 °C

Ergibt 8 Eclairs

Liebesknochen mit Milchkaffeecreme

1 Für die Füllung das Paradies-Creme-Pulver in eine Schüssel geben. Anstatt der 250 ml nur 200 ml kalte Milch dazugeben und die Creme 2 Minuten mit dem Handrührgerät aufschlagen. Espresso und Quark hinzugeben und eine weitere Minute rühren. Die Creme im Kühlschrank mindestens 2 Stunden auskühlen lassen.

2 Für den Teig die Milch mit Salz und Butter zum Kochen bringen. Sobald die Butter geschmolzen ist, den Topf von der Platte nehmen, das Mehl hinzugeben und kräftig rühren. Den Topf zurück auf die Herdplatte stellen und bei geringer Hitze rühren, bis sich am Topfboden ein weißer Belag gebildet hat und der Teig zu einem Kloß wird. Den Teig in eine Schüssel geben. Eier und Kakao mit einem Handrührgerät nach und nach unter den Teig mischen.

3 Den Backofen auf 200 °C vorheizen. Ein Backblech mit Backpapier auslegen. Den Teig in einen Spritzbeutel mit großer (ca. 11 mm Ø) Sterntülle füllen und ca. 10 cm lange und 3 cm breite Streifen auf das mit Backpapier ausgelegte Backblech spritzen. Die Liebesknochen ca. 30 bis 35 Minuten backen. Die Liebesknochen kurz auskühlen lassen und mit einer Schere aufschneiden.

4 Die gekühlte Milchkaffeecreme in einen Spritzbeutel mit großer Sterntülle füllen und in die unteren Hälften der Liebesknochen spritzen. Die Deckel aufsetzen und mit Kakao bestäuben.

Füllung

200 g Sahne | 3 Blatt Gelatine
4 cl Eierlikör
150 g Griechischer Joghurt (10 % Fett)

Brandteig

100 ml Milch | 40 g Butter
1 Prise Salz | 80 g Mehl
2 Eier (Größe M)

Dekor

4 Blättchen essbares
Blattgold 8 x 8 cm
oder 2 EL Puderzucker

Küchengeräte

Handrührgerät | Schneebesen
Backblech und -papier
Spritzbeutel mit großer Tülle

Backzeit: 35 Minuten
Kühlzeit: 2 Stunden
Ofentemperatur: 200 °C

Ergibt 8 Eclairs

Gold Finger

1 Für die Füllung die Sahne mit dem Handrührgerät steif schlagen. Die Gelatine in kaltem Wasser 5 Minuten einweichen. Eierlikör, Joghurt und Puderzucker unter die geschlagene Sahne rühren. Gelatine abtropfen lassen und im Wasserbad schmelzen. 2 Esslöffel der Sahne in die Gelatine einrühren, dann die Gelatinemasse unter die Sahne heben. Im Kühlschrank 2 Stunden auskühlen lassen.

2 Für den Teig die Milch mit Salz und Butter zum Kochen bringen. Sobald die Butter geschmolzen ist, den Topf von der Platte nehmen, das Mehl hinzugeben und kräftig rühren. Den Topf zurück auf die Herdplatte stellen und bei geringer Hitze rühren, bis sich am Topfboden ein weißer Belag gebildet hat und der Teig zu einem Kloß wird. Den Teig in eine Schüssel geben. Die Eier mit einem Handrührgerät nach und nach unter den Teig mischen.

3 Den Backofen auf 200 °C vorheizen. Ein Backblech mit Backpapier auslegen. Den Teig in einen Spritzbeutel mit großer (ca. 11 mm Ø) Sterntülle füllen und ca. 10 cm lange und 3 cm breite Streifen auf das Backblech spritzen. Die Finger ca. 30 bis 35 Minuten backen, anschließend kurz auskühlen lassen.

4 Die Füllung in einen Spritzbeutel mit schmaler Lochtülle füllen. An den Enden und in der Mitte der Eclairs drei kleine Öffnungen anbringen. Die Creme zuerst an den Enden einspritzen, anschließend in der Mitte auffüllen.

5 Das Goldblättchen vorsichtig halbieren und mit einem Pinsel auf die Eclairs auftragen. Alternativ die Eclairs mit Puderzucker bestäuben.

Brandteig

75 ml Milch | 75 ml Wasser
1 Prise Salz | 70 g Butter
2 EL Zucker | 75 g Mehl
2 Eier (Größe M)
Abrieb 1/2 Orange

Zum Bestreichen

1 Eigelb | 2 EL Milch

Füllung

400 ml Vanilleeis

Ganache

20 g Sahne | 20 ml Milch
20 g Zucker | 150 g Vollmilch-Kuvertüre
75 g Butter | 2 cl Grand Marnier

Dekor

100 g kandierte Orangenschale

Küchengeräte

Handrührgerät
Backblech und -papier
Spritzbeutel mit großer Tülle
Backpinsel

Backzeit: 35 Minuten
Tiefkühlzeit: 20 Minuten
Ofentemperatur: 200 °C

Ergibt 10 Eclairs

Eis-Eclair mit kandierter Orange

1 Für den Teig Milch, Wasser, Salz, Butter und Zucker zum Kochen bringen. Wenn die Butter geschmolzen ist, den Topf vom Herd nehmen und das Mehl in einem Schwung hinzugeben und kräftig rühren. Den Topf bei geringer Hitze zurück auf den Herd stellen. Mit einem Holzlöffel kräftig rühren, bis sich aus dem Teig ein Kloß bildet und ein weißer Belag am Topfboden entsteht. Den Teig in eine Rührschüssel umfüllen und leicht erkalten lassen. Die beiden Eier mit einem Handrührgerät nach und nach unter den Teig rühren. Den Orangenabrieb untermischen.

2 Den Backofen auf 200 °C vorheizen. Auf ein mit Backpapier belegtes Backblech mit einem Spritzbeutel mit großer Lochtülle ca. 15 cm lange Stangen spritzen. Das Eigelb mit der Milch verquirlen und die Eclairs damit bestreichen. Die Eclairs 30 bis 35 Minuten backen, dann abkühlen lassen.

3 Die erkalteten Eclairs mit einem Messer oder einer Schere aufschneiden. Die untere Hälfte des Eclairs mit Vanilleeis füllen. Den Deckel wieder daraufsetzen und die Eclairs 20 Minuten im Gefrierfach durchkühlen lassen.

4 Für die Ganache Sahne, Milch und Zucker zusammen aufkochen. Die Kuvertüre klein hacken und zusammen mit der zimmerwarmen Butter in eine Schüssel geben. Mit der heißen Sahne übergießen und unter Rühren alles zu einer glatten Masse rühren. Die Ganache etwas abkühlen lassen und mit Grand Marnier aromatisieren.

5 Die gekühlten Eclairs auf ein Kuchengitter setzen und mit der Schokoladenmasse überziehen. Mit fein geschnittenen kandierten Orangenschalen verzieren. Die Glasur kurz aushärten lassen und entweder sofort servieren oder erneut ins Gefrierfach stellen.

Brandteig

250 ml Wasser | 100 g Butter
1 Prise Salz | 1 TL Zucker
200 g Mehl
4 Eier (Größe M)

Zum Bestreichen

1 Ei | 1/2 TL Wasser
50 g Mandelsplitter oder -blättchen

Füllung

500 g Sahne | 1 Päckchen Sahnesteif
1 EL Puderzucker
2 TL Vanillezucker

Dekor

Puderzucker

Küchengeräte

Handrührgerät
Backblech und -papier
Spritzbeutel mit großer Tülle

Backzeit: 10, 10 und 15 Minuten
Ofentemperatur: 220, 180 und 160 °C

Ergibt 1 Kuchen

Paris – Brest

1 Den Backofen auf 220 °C vorheizen. Ein Blech mit Backpapier belegen und einen Kreis mit einem Durchmesser von 20 cm auf das Backpapier zeichnen, das Papier dann umdrehen.

2 Für den Teig das Wasser mit Butter und Salz zum Kochen bringen. Wenn die Butter geschmolzen ist, den Topf von der Herdplatte nehmen und das Mehl und den Zucker in einem Schwung hinzugeben. Mit einem Holzlöffel kräftig schlagen und den Topf zurück auf die Herdplatte stellen. Den Teig bei geringer Hitze so lange schlagen, bis sich ein Kloß gebildet hat und am Topfboden eine weiße Schicht entstanden ist. Den Teig in eine Rührschüssel geben. Leicht abkühlen lassen und mit einem Handrührgerät nach und nach die Eier unterrühren.

3 Mit einem Spritzbeutel mit großer Lochtülle drei Teigkreise um den aufgezeichneten Ring spritzen: einen inneren, einen äußeren und einen auf den beiden. Insgesamt sollte das Rad ca. 5 cm breit und 2,5 cm hoch sein.

4 Das Ei mit dem Wasser verrühren und damit die Oberseite des Rings bestreichen. Mit Mandelsplittern bestreuen und 10 Minuten auf 220 °C auf der mittleren Schiene backen. Anschließend die Temperatur auf 180 °C reduzieren und den Teig weitere 10 Minuten backen. Zuletzt die Temperatur auf 160 °C stellen und 15 Minuten backen. Den Ofen abschalten und mit einem spitzen scharfen Messer 3 kleine Einschnitte am Boden machen. Den Ring im Ofen weitere 5 Minuten nachziehen lassen. Den Ring aus dem Ofen nehmen und mit einem sehr scharfen Sägemesser waagerecht durchschneiden. Der weiche innere Teil des Rings wird mit einem Löffel entfernt.

5 Die Sahne mit Sahnesteif, Puderzucker und Vanillezucker sehr steif schlagen. Mit einem Spritzbeutel die Sahne dekorativ in den Ring spritzen. Den Deckel darauf setzen und mit Puderzucker bestreuen.

Seinen Namen hat dieser Kuchen angeblich seiner Radform zu verdanken. Das Radrennen Paris – Brest findet seit 1891 statt und geht über eine Strecke von 1200 km.

Mürbeteig
150 g Mehl | 100 g Butter
50 g Zucker | 1 Eigelb (Größe M)
1 EL Vanillezucker
1 Messerspitze Zitronenabrieb
1 Messerspitze Kardamom | 1 Prise Salz

Brandteig
75 ml Milch | 75 ml Wasser
1 Prise Salz | 70 g Butter
2 EL Zucker | 75 g Mehl
2 Eier (Größe M) | Abrieb 1/2 Orange

Streiche und Dekor
1 Eigelb | 2 EL Milch
Granatapfelkerne

Füllung (Zabaione)
3 Eigelb (Größe M) | 50 g Zucker
80 ml Marsala

Küchengeräte
Handrührgerät | Nudelholz
runder Ausstecher (5 cm Ø)
Backblech und -papier
Spritzbeutel mit mittlerer Tülle
Wasserbad | Schneebesen

Backzeit: 30 Minuten
Kühlzeit: 1 Stunde
Ofentemperatur: 200 °C

Ergibt 10 Brunnen

Brunnen der Liebe

1 Für den Mürbeteig das Mehl auf eine Arbeitsfläche sieben und in die Mitte des Mehlbergs eine kleine Vertiefung drücken. Die zimmerwarme Butter klein schneiden und mit Zucker, Eigelb, Vanillezucker, Zitronenabrieb, Kardamom und Salz verkneten, bis keine Butterstücke mehr zu sehen sind und ein glatter Teig entstanden ist. Den Teig in Klarsichtfolie wickeln und 1 Stunde im Kühlschrank ruhen lassen.

2 Für den Brandteig Milch, Wasser, Salz, Butter und Zucker zum Kochen bringen. Wenn die Butter geschmolzen ist, den Topf vom Herd nehmen und das Mehl in einem Schwung hinzugeben, kräftig rühren. Den Topf bei mittlerer Hitze zurück auf den Herd stellen. Mit einem Holzlöffel kräftig rühren, bis sich aus dem Teig ein Kloß gebildet hat und ein weißer Belag am Topfboden entstanden ist.

3 Den Teig in eine Rührschüssel umfüllen und leicht erkalten lassen. Die beiden Eier mit einem Handrührgerät nach und nach unter den Teig rühren. Den Orangenabrieb untermischen.

4 Den Backofen auf 200 °C vorheizen. Den Mürbeteig auf einer bemehlten Arbeitsfläche ausrollen und mit einem runden Ausstecher (6 cm Ø) Kreise ausstechen. Das Eigelb mit der Milch verquirlen und die Ränder der Kreise damit bestreichen.

5 Den Brandteig in einen Spritzbeutel mit mittlerer (5 mm Ø) Lochtülle füllen und 2 Brandteigkreise übereinander auf die bestrichenen Kreisränder des Mürbeteigs aufspritzen, so dass kleine Brunnen entstehen. Im Ofen ca. 25 bis 30 Minuten backen, dann erkalten lassen.

6 Für die Zabaione die Eier mit Zucker und Marsala über einem Wasserbad 5 bis 6 Minuten mit dem Schneebesen aufschlagen, bis die Masse cremig wird.

7 Den Brunnen mit der Zabaione füllen und mit Granatapfelkernen verzieren.

Mürbeteig lässt sich sehr gut einfrieren und bei Bedarf portionsweise auftauen.
Der Granatapfel symbolisiert Fruchtbarkeit und Reichtum. Was will man mehr in der Liebe.

Sirup

500 ml Wasser | 350 g Zucker
Saft 1/2 Zitrone
1 EL Rosenwasser
(Reformhaus, Bioladen oder Apotheke)

Brandteig

250 ml Wasser | 50 g Butter
1 Prise Salz | 150 g Mehl
Abrieb 1/2 unbehandelten Orange
2 Eier (Größe M)
500 ml Sonnenblumenöl zum Ausbacken

Dekor

50 g fein gehackte Pistazien

Küchengeräte

Fritteuse, Wok oder Topf
Schaumlöffel
Handrührgerät
Küchenkrepp

Ergibt 20 Stück

Frauennabel – Kadin göbegi

1 Für den Sirup das Wasser erhitzen, Zucker hinzugeben und unter Rühren auflösen. Den Topf vom Herd nehmen, Zitronensaft und Rosenwasser hineinrühren und den Sirup erkalten lassen.

2 Die Fett in der Fritteuse auf 175 °C erhitzen. (Wenn Sie das Öl zum Ausbacken in einem Topf erhitzen, erkennen Sie an folgendem Trick, ob das Fett heiß genug ist: Halten Sie einen Holzlöffelstiel in das Fett. Wenn sich sofort kleine Bläschen darum bilden, hat das Öl die richtige Temperatur.)

3 Für den Brandteig die Butter zusammen mit einer Prise Salz im Wasser erhitzen. Den Topf vom Herd nehmen und das Mehl in einem Schwung in den Topf geben. Das Mehl kräftig einrühren und den Topf zurück auf die Herdplatte stellen. Den Teig unter ständigem Rühren bei geringer Hitze abbren-

nen: nach ca. 2 Minuten bildet sich eine weiße Schicht auf dem Topfboden und der Teig wird zu einem Kloß. Den Teig in eine Rührschüssel geben, etwas abkühlen lassen und die Eier mit einem Handrührgerät nach und nach unterrühren. Die Orangenschale untermischen.

4 Aus je 1 Esslöffel Teig mit gefetteten Händen ein Bällchen formen, mit dem Daumen eine Mulde (Nabel) eindrücken und die Bällchen portionsweise in das erhitzte Fett gleiten lassen.

5 Die goldbraunen Frauennabel mit einem Schaumlöffel aus dem Fett nehmen und auf Küchenkrepp abtropfen lassen. Abschließend im Sirup wenden und die gehackten Pistazien in die Mulde streuen. Vor dem Servieren abkühlen lassen.

Das männliche Pendant zum Frauennabel heißt Finger des Großwesirs. Der Teig ist identisch, jedoch werden mit einem Spritzbeutel ca. 3 cm lange Finger direkt ins Fett gespritzt und anschließend in Sirup getaucht.

Brandteig
250 ml Wasser
60 g Butter
1 Prise Salz
50 g Zucker
125 g Mehl
3 Eier (Größe M)

Dekor
1 Eigelb
Hagelzucker

Küchengeräte
Handrührgerät
Backblech und -papier
Spritzbeutel mit großer Tülle

Backzeit: 35 Minuten
Ofentemperatur: 200 °C

Ergibt 20 Stück

Chouquettes

1 Für den Brandteig Wasser, Butter, Salz und Zucker langsam erhitzen aber nicht zum Kochen bringen. Wenn die Butter geschmolzen ist, den Topf vom Herd nehmen und das Mehl in einem Schwung in die Flüssigkeit kippen. Mit einem Holzlöffel das Mehl einarbeiten.

2 Den Topf zurück auf die Herdplatte stellen und bei mittlerer Hitze kräftig rühren. So lange rühren, bis sich am Boden eine weiße Schicht gebildet hat und der Teig zu einem Kloß wird. Den Teig in eine Schüssel umfüllen und die Eier mit einem Handrührgerät nach und nach einrühren. Den Backofen auf 200 °C vorheizen

3 Den Teig in einen Spritzbeutel mit großer (ca. 15 mm Ø) Lochtülle füllen und auf ein mit Backpapier ausgelegtes Backblech 20 kleine Kugeln spritzen. Die Kügelchen mit verquirltem Eigelb bepinseln, dabei die Spitzen glatt streichen und mit Hagelzucker bestreuen.

4 Die Chouquettes 30 bis 35 Minuten im Backofen backen. Die Backofentür darf dabei nicht geöffnet werden.

Die Chouquettes werden nicht gefüllt und sind auch am nächsten Tag noch ausnehmend lecker.

Brandteig

250 ml Wasser
1 Prise Salz
2 EL Zucker
80 g Butter
120 g Mehl
4 Eier (Größe M)
1 TL Backpulver
1 kg Fett zum Ausbacken

Dekor
Puderzucker

Küchengeräte
Handrührgerät
Fritteuse oder Topf
Schaumlöffel
Küchenkrepp

Ergibt 20 Stück

Schwäbische Nonnenfürzle

1 Für den Brandteig das Wasser mit Salz, Zucker und Butter in einem Topf erhitzen. Sobald die Butter ganz geschmolzen ist, den Topf vom Herd nehmen, das Mehl hinzugeben und kräftig rühren. Den Topf zurück auf den Herd stellen und bei geringer Hitze kräftig rühren, bis sich am Topfboden ein weißer Belag gebildet hat. Den Teig in eine Rührschüssel umfüllen und die 4 Eier mit einem Handrührgerät nach und nach unterrühren. In den schon leicht erkalteten Teig das Backpulver einrühren.

2 Das Frittierfett in einer Fritteuse auf 180 °C erhitzen. (Wenn Sie das Fett zum Ausbacken in einem Topf erhitzen, erkennen Sie an folgendem Trick, ob das Fett heiß genug ist: Halten Sie einen Holzlöffelstiel in das Fett. Wenn sich sofort kleine Bläschen darum bilden, hat das Öl die richtige Temperatur.)

3 Mit einem Teelöffel etwas Teig abstechen und mit einem zweiten Löffelchen kleine Nocken formen. Die Teignocken in das heiße Fett geben und ca. 3 Minuten goldbraun backen.

4 Mit einem Schaumlöffel aus dem Fett heben und auf Küchenkrepp abtropfen lassen. Ein wenig auskühlen lassen, mit Puderzucker bestreuen und servieren.

Dieses Brandteiggebäck würde früher von Nonnen hergestellt. Im Mittelhochdeutschen hieß das „nunnekefurt". Der Schwabe hängt noch ein »le« hinten dran und schon sind es Nonnenfürzle.

Brandteig
60 g Butter
250 ml Wasser
1 Prise Salz
150 g Mehl
4 Eier (Größe M)
Abrieb und Saft 1/2 Limette
1 kg Frittierfett

Guss
200 g Puderzucker
30 ml Limettensaft

Küchengeräte
Handrührgerät
Fritteuse oder Topf
Backpapier
Spritzbeutel mit großer Sterntülle
Schaumlöffel
Küchenkrepp

Ergibt 10 Stück

Eberswalder Spritzkuchen

1 Für den Teig Butter, Wasser und Salz in einem Topf erhitzen. Wenn die Butter geschmolzen ist, den Topf vom Herd nehmen und in einem Schwung das Mehl hinzugeben. Den Topf zurück auf die Herdplatte stellen und den Teig unter kräftigem Rühren bei mittlerer Hitze abbrennen: so lange rühren, bis sich ein Teigkloß entwickelt hat und eine weiße Schicht den Topfboden bedeckt. Den Teig in eine Rührschüssel umfüllen und kurz abkühlen lassen.

2 Die Eier mit einem Handrührgerät nach und nach unter die Teigmasse rühren. Limettensaft und -schale hinzugeben.

3 Das Fett in einer Fritteuse auf 180 °C erhitzen. (Wenn Sie das Öl zum Ausbacken in einem Topf erhitzen, erkennen Sie an folgendem Trick, ob das Fett heiß genug ist: Halten Sie einen Holzlöffelstiel in das Fett. Wenn sich sofort kleine Bläschen darum bilden, hat das Öl die richtige Temperatur.)

4 Vom Backpapier Quadrate von ca. 12 x 12 cm ausschneiden und mit Öl bepinseln.

5 Den Teig in einen Spritzbeutel mit einer Sterntülle einfüllen und jeweils einen Kreis auf ein Backpapierblättchen spritzen. Den Teig vom Papier ins Fett gleiten lassen (oder das Papier mit dem Teig ins Fett gleiten lassen – nach 10 Sekunden lässt sich der Spritzkuchen leicht vom Papier lösen) und 3 bis 4 Minuten ausbacken. Dabei einmal wenden.

6 Den Spritzkuchen mit einer Schaumkelle aus dem Fett holen und auf einem Küchenkrepp abtropfen lassen.

7 Den Puderzucker mit dem Limettensaft klümpchenfrei verrühren und den Spritzkuchen damit bestreichen.

Brandteig
1/2 l Wasser | 1 TL Salz
300 g Mehl
Abrieb 1/2 Orange | Abrieb 1/2 Zitrone
Pflanzenöl zum Backen

Dekor
Zucker

Heiße Schokolade
400 ml Milch
1/4 TL Nelkenpfeffer (Piment)
120 g dunkle Schokolade (70 % Kakao)
2 Eigelb

Küchengeräte
Fritteuse oder Topf
Krapfenspritze
Schaumlöffel
Küchenkrepp
Schneebesen
Milchaufschäumer

Ergibt 12 bis 15 Stück

Churros Madrileños

1 Das Wasser mit dem Salz zum Kochen bringen. Den Topf von der Herdplatte nehmen und das Mehl und den Schalenabrieb hinzugeben. Den Teig kräftig schlagen, bis eine zähe Masse entsteht und sich der Teig vom Topfrand löst. Den Teig auf Zimmertemperatur abkühlen lassen.

2 In einer Pfanne oder Fritteuse das Fett auf 200 °C erhitzen. (Wenn Sie das Öl zum Ausbacken in einem Topf oder einer Pfanne erhitzen, erkennen Sie an folgendem Trick, ob das Fett heiß genug ist: Halten Sie einen Holzlöffelstiel in das Fett. Wenn sich sofort kleine Bläschen darum bilden, hat das Öl die richtige Temperatur.)

3 Die Hälfte des Teigs in eine metallene Krapfenspritze einfüllen. Ein normaler Spritzbeutel hält die Belastung kaum aus. Mit der Spritze vier ca. 15 cm lange Teigstränge direkt in das heiße Fett drücken. Während des Herausdrückens des Teiges werden kleinere, ca. 5 cm lange Abschnitte abgetrennt. Die Teigstücke werden 5 bis 8 Minuten ausgebacken und dabei gelegentlich gewendet.

4 Wenn die Teigstücke gleichmäßig gebräunt sind, werden sie mit einer Küchenzange oder einem Schaumlöffel aus dem Fett gehoben und auf Küchenkrepp zum Abtropfen gelegt. Mit Zucker bestreuen und noch warm servieren.

5 Zum Frühstück taucht man die Churros in heiße Schokolade. Für die Schokolade die Milch mit dem Nelkenpfeffer zum Kochen bringen. Die Schokolade in kleine Stücke brechen, in die Milch geben und in der heißen Milch schmelzen lassen. Die Temperatur reduzieren, das Eigelb in die Milch geben und mit einem Schneebesen kräftig verrühren, bis die heiße Schokolade ein bisschen fester wird. Abschließend mit einem Milchaufschäumer kurz aufschäumen.

Variante: Sie können anstatt der Schokolade mit Nelkenpfeffer auch eine mit Chili oder Wasabi aromatisierte Schokolade verwenden.

Brandteig

70–75 ml Wasser
70–75 ml Milch
70 ml Öl
1 TL Salz
300 g Tapiokamehl
2 Eier (Größe M)
150 g Parmesan, gerieben

Küchengeräte

Handrührgerät
Backblech und -papier

Backzeit: 30 Minuten
Ofentemperatur: 180 °C

Ergibt 35 Bällchen

Käsebällchen aus Brasilien *(glutenfrei)*

1   Für den Teig Wasser, Milch, Öl und Salz in einem Topf zum Kochen bringen. Den Topf von der Herdplatte nehmen und mit einem Schwung das Mehl hinzugeben. Mit einem Holzlöffel die Masse kräftig schlagen. Den Topf erneut auf den Herd stellen und so lange rühren, bis sich eine weiße Schicht auf dem Topfboden bildet und der Teig zu einem Kloß wird. Die beiden Eier mit einem Handrührgerät nach und nach unterrühren. Zuletzt den Parmesan einrühren.

2   Den Backofen auf 180 °C vorheizen. Ein Backblech mit Backpapier belegen. Mit den Händen aus dem Teig kleine Bällchen formen und auf das Backblech legen. Die Bällchen 25 bis 30 Minuten backen – sie sollten noch hell sein. Warm servieren.

In Brasilien genießt man die Käsebällchen gerne zu einem Caipirinha.

Brandteig
125 ml Wasser
Salz
25 g Butter
60 g Mehl
2 Eier (Größe M)
1 Messerspitze Muskatnuss

Außerdem
500 g Kartoffeln, mehlig kochend
Fett zum Ausbacken

Küchengeräte
Fritteuse
Handrührgerät
Kartoffelpresse
Schaumlöffel
Küchenkrepp

Ergibt 40 Kartöffelchen

Dauphin Kartoffeln

1 Die Kartoffeln schälen, in ca. 1 cm dicke Scheiben schneiden und in Salzwasser ca. 20 Minuten sehr weich kochen.

2 Das Fett in der Fritteuse auf 180 ̊C erhitzen. (Wenn Sie das Öl zum Ausbacken in einem Topf erhitzen, erkennen Sie an folgendem Trick, ob das Fett heiß genug ist: Halten Sie einen Holzlöffelstiel in das Fett. Wenn sich sofort kleine Bläschen darum bilden, hat das Öl die richtige Temperatur.)

3 Für den Teig das gesalzene Wasser mit der Butter zum Kochen bringen. Den Topf vom Herd nehmen, das Mehl in das Wasser stürzen und kräftig rühren. Den Topf zurück auf die Herdplatte stellen und kräftig rühren. Am Topfboden muss sich ein weißer Belag bilden. Den Topf von der Kochstelle nehmen, den Teig in eine Rührschüssel umfüllen und die 2 Eier mit dem Handrührgerät nach und nach unterrühren. Die gekochten Kartoffeln pressen und unter die Teigmasse rühren. Muskat dazu geben und unterrühren.

4 Mit zwei Teelöffeln Nocken abstechen und im heißen Fett ausbacken. Auf Küchenkrepp abtropfen lassen.

Consommé

150 g Knollensellerie | 1 1/2 Karotten
1/2 Zwiebel | 1 Lauch (10 cm Stück)
1 Tomate | 1 kleine Paprika
1/2 cm großes Stück Ingwer
1 TL Salz
4 Körner schwarzer Pfeffer
2 Kardamomkapseln
1 kleine Zehe Knoblauch
1 Messerspitze Chillipulver

Käsebällchen

Salz | 35 g Butter
125 ml Wasser | 75 g Mehl
2 Eier | 2 EL Gruyère, gerieben
1 Messerspitze Muskatnuss

Gemüsejulienne

1/2 Karotte
1/8 Sellerie
1/4 Stange Lauch
1 Prise Salz

Küchengeräte

Handrührgerät | Muskatreibe
Backblech und -papier
Spritzbeutel mit kleiner Tülle

Backzeit: 30 Minuten
Ofentemperatur: 200 °C

Ergibt 4 Portionen

Consommé mit Käsebällchen

1 Knollensellerie schälen, waschen, putzen und in grobe Würfel schneiden. Karotten waschen, schälen und in 1 cm lange Stücke schneiden. Die Zwiebel abziehen und in Würfel schneiden. Den Lauch waschen, putzen und grob zerteilen. Die Tomate waschen und als Ganzes in die Suppe geben. Die Paprika waschen, entkernen und in grobe Stücke schneiden. Den Ingwer schälen und zum restlichen Gemüse geben. Alle Zutaten in einen Topf mit 2 Liter Wasser geben und zum Kochen bringen. Salz, Pfefferkörnern, Kardamomkapseln, Knoblauch und nach Geschmack Chilipulver in die Suppe geben.

2 Die Suppe 20 Minuten kochen lassen. Ein feuchtes Mulltuch in ein Sieb legen und die Suppe in einen Topf abgießen.

3 Den Backofen auf 200 °C vorheizen. Für die Käsebällchen Salz und Butter in 125 ml Wasser zum Kochen bringen. Den Topf vom Herd nehmen und das Mehl unterrühren. Die Teigmasse zurück auf den Herd stellen und so lange rühren, bis sich am

Boden ein weißer Belag gebildet hat. Den Teig in eine Rührschüssel umfüllen und nach und nach die Eier unterrühren. Den Gruyère mit der Teigmasse glatt rühren und eine Messerspitze gemahlene Muskatnuss zum Teig geben.

4 Ein Backblech mit Backpapier belegen. Den Teig in einen Spritzbeutel mit großer (ca. 11 mm Ø) Lochtülle füllen und Tropfen von ca. 2 cm Ø auf das Backblech spritzen. Bei 200 °C 30 Minuten backen.

5 Für die Gemüsejulienne die Möhre und den Sellerie putzen, waschen und schälen. Den Lauch waschen und schälen. Das Gemüse in ca. 3 cm lange, sehr dünne Streifen schneiden. Einen Topf mit Salzwasser zum Kochen bringen. Das Gemüse ca. 1 Minute darin blanchieren, abgießen, kalt abschrecken und abtropfen lassen.

6 Die Gemüsejulienne auf die Teller verteilen. Die Consommé über das Gemüse gießen und die noch warmen Käsebällchen in die Connsommé geben, sofort servieren.

Rezeptverzeichnis nach Kapiteln

Alphabetisches Rezeptverzeichnis

Danksagung

Dieses Buch hatte zahlreiche Helfer, ohne die es nicht das geworden wäre, was Sie nun in Händen halten – gebacken habe ich zwar selbst, aber probieren, kritisieren und das i-Tüpfelchen finden – daran waren viele Freunde und Nachbarn beteiligt. Die tapferen Esser kann ich nicht alle nennen – bei einigen liegt es mir aber sehr am Herzen. Ganz lieben Dank an Eva Weiß und Wolf Dietrich, die selbst vor einem Windbeutelwettbewerb nicht kniffen. Marga Brunnhölzl, die unerschrocken und mit großer Begeisterung alle Versuche und auch Fehlversuche humorvoll und mit großem Appetit begleitete und Rita Seitz, die meine Backabenteuer interessiert und geduldig, anerkennend und mit vielen guten Ideen erst zu einer großen, aufregenden kulinarischen Reise werden ließ.

So hat Oma schon gebacken

112 Seiten
ISBN 978-3-572-08063-2

Hefeteig - kein anderes Gebäck klingt so nach Familie, Großmutter & Tradition. Oda Tietz ist eine Spezialistin für dieses Gebäck und verrät in diesem Buch alles über die richtige Teigherstellung sowie ihre allerbesten Rezepte.

Ofenwarm& knusprig-lecker

Buch mit hochwertigem Croissant-Ausstechroller
ISBN 978-3-572-08063-2

Der neue Hit auf jedem Tisch: Mini-Croissants frisch aus dem Ofen, noch warm auf den Tisch! Süß oder pikant, gefüllt oder pur. Zum Frühstück oder Kaffee, als Pausenbrot oder für das Partybuffet - dieser raffiniert-feine Snack ist ruck-zuck gemacht und begeistert große und kleine Feinschmecker.

Mit diesem Set geht es blitzschnell und kinderleicht: Teig (aus dem Kühlregal oder selbst gemacht) auslegen und mit dem beiliegenden Teigschneider einfach darüber rollen.

Überall erhältlich, wo es Bücher gibt.

www.bassermann-verlag.de

ISBN: 978-3-572-08099-1

Umschlaggestaltung: Atelier Versen, Bad Aibling
Bildredaktion: Markus Röleke
Herstellung: Elke Cramer
Projektleitung: Anja Halveland
Fotos: Andreas Ketterer, **Foodstyling:** Evelyn Layher
www.ketterer-layher-foodphoto.de
Layout: Epsilon2, Mundelsheim

Satz: Epsilon2, Mundelsheim
Reproduktion: Artilitho snc, Lavis (Trento)
Druck: Mohn media Mohndruck GmbH, Gütersloh

Printed in Germany

Verlagsgruppe Random House FSC® N001967
Das für dieses Buch verwendete FSC®-zertifizierte Papier *Profisilk*
wurde produziert von Sappi Alfeld.

817 2635 4453 6271